잃어버린
우리의 역사
문화 그리고
영토를 찾아서

배종덕
지음

맑은샘

머리말

Dubai에서 2년 동안 현대차 아중동지역 본부장으로 일하면서 Israel에 두 번 방문했다. 한 번은 자동차로, 한 번은 비행기로 갔다. 출국 시 상당한 어려움을 겪어야 했다. 새파랗게 젊은 군인에게 죄인 다뤄지듯 취조를 당했다. 너는 누구냐? 어디를 방문했느냐? 누구를 만났느냐? 왜? 어떤 얘기를 나누었나? 성실히 답변해도 묻고 또 묻는다. 먼저 의심부터 하고 시작하는 것이 기분을 아주 상하게 만든다. 죄인 취급까지 당하며 한 시간 정도 시달려야 했다. 탑승 시간이 촉박해도 전혀 신경 쓰지 않았다. 신경질을 내면 잠깐 기다리게 해 놓고 상관을 불러 처음부터 다시 시작했다.

대리점은 Tel-Aviv에 있었다. 대리점 사장과 점심을 하는 동안 가까운 곳에 폭탄이 터졌다는 뉴스가 나왔다. 흔히 일어나는 일이라 했다. 대리점 사장에게 물었다. 너희 이스라엘 국민은 참 강하고 우수하다. 노벨상 수상자도 많고, 적은 인구지만 단결심이 강하고 세계의 부자계급이 되어 살고 있다. 많은 나라에 흩어져 살던 사람들이 어떻게 1800년 뒤에 똘똘 뭉쳐서 나라를 세우게 되었는가? 너희 민족은 어떤 민족인가? 그랬더니, 너희 나라는 몇 년 동안 일본 지배를 받았느냐고 되묻기에 35년이라 했더니, 35년 동안 지배를 받고 나서 강해지지 않았느냐,

우리는 너희보다 오륙십 배나 되는 오랜 기간 수많은 고통을 감내했었으니, 당연히 강해지고 독해질 수밖에 없지 않느냐고 했다. 종교의 힘도 컸지만, 무엇보다 우리는 우리의 잃어버린 역사와 빼앗긴 영토를 절대로 잊지 않고 살아왔다고 했다.

역사? 잃어버린 역사와 빼앗긴 영토? 역사를 잊지 않아서 그렇다? 역사가 그렇게 중요한가? 역사를 소홀히 하는 민족은 미래가 없다는 얘기가 있다. 우리의 역사와 영토는 어떤가?『환단고기』를 읽으면서 우리가 대단히 오랜 역사와 훌륭한 문화를 가진 민족이라는 것을 알게 되었다. 세계 4대 문명보다도 훨씬 오래된 홍산문화와 우리 조상들의 터전이 요하 문명이었다는 것도 알게 되었다. 그러나 그동안 우리는 이웃 나라들에 의해 문화침탈과 역사침탈, 또 영토침탈까지 당해왔다. 일본은 대한제국을 침략하면서 남한에는 임나일본부, 북한에는 한사군이 있었다고 날조했다. 해방이 된 뒤에도 한국 학생들을 일본으로 불러 공짜 교육을 시켜주고, 용돈까지 주면서 일본의 역사 간첩으로 만들었다. 일본의 마지막 총독이었던 아베 노부유키는 '일본(日本)은 조선민에게 총과 대포보다 무서운 식민교육을 심어 놓았기에, 결국 식민교육의 노예로 전락할 것이고 일본은 다시 돌아올 것이다.'라는 망언까지 하고 갔다. 중공은 지금의 중공 국경 안에 있었던 문화와 역사는 모두 본인들 것이라고 주장하면서, 만약 북한에 문제가 생기면 지분을 챙길 궁리부터 하고 있다. 한복도, 김치도, (고)조선, 부여, 고구려, 발해의 역사도 모두 본인들 것이고 손흥민도 손오공과 성이 같으니 중국인이라나?

불행하게도 우리나라는 역사 간첩들에 의해 현재까지도 교과서가

대한민국! 잃어버린 우리의 역사 문화 그리고 영토를 찾아서

바르게 수정되지 않고 있다. 그 틈을 타서 중공은 지도에 만리장성을 황해도까지 옮겨 그려놓고, 세계만방에 홍보까지 하고 있다. 왜? 이왕이면 토목공사라도 해서 갈석산까지 옮겨놓지! 필자는 일본이나 중공이 도무지 이해되지 않는다. 자국민에게 가르친 역사가 엉터리였다는 사실을 나중에 국민들이 알게 될 때 어떻게 처신하려고 그러는지? 이웃 나라의 영토 침략을 위해서는 문화도, 역사도 모두 침탈해도 괜찮다는 것인가? 자국민에게 거짓을 가르쳐도 상관이 없다는 것인가? 미국에서 아메리칸 인디언 문화와 역사가 모두 미국이 만든 문화이고, 미국의 역사라고 학생들에게 가르치는 것과 무엇이 다른가? 인디언들이 세운 조그만 나라들이 모두 미국의 지방 정권이었다고 하는 것과 무엇이 다른가? 멕시코는 과거 전쟁으로 땅의 상당 부분을 미국에 빼앗겼는데, 멕시코의 문화와 역사가 모두 미국의 문화요, 미국의 역사라고 하면서 국경 내 멕시코 문화재를 UNESCO에 등재하는 것과 무엇이 다른가? 고구려가 700년 이상의 역사를 이어오는 동안, 지나 대륙에서는 무려 35개의 크고 작은 나라가 만들어졌다가 사라졌다. 300년 이상 이어 온 나라가 하나도 없는데도, 중공은 고구려가 중국의 지방 정권이었고, 그들의 문화고, 그들의 역사였다고 주장하고 있다. 700년 이상, 아니, 북부여 시대를 포함하면 900년 이상 이어 온 고구려! 고구려가 어느 나라의 지방 정권이었는가?

역사 간첩들은 우리의 참 역사서인 『환단고기』를 위서라고 호도하고 있다. 『환단고기』는 「삼성기」, 「북부여기」, 「단군세기」, 「태백일사」 등의 사서들을 함께 묶어 편찬한 역사서로 우리 한민족 9천 년 역사가 이곳에 담겨 있다. 우리는 우리의 문화 주권을 지켜야 한다. 문화 주권을 잃으면 역사 주권을 잃게 되고, 역사 주권을 잃으면 영토 주권을 빼앗기게 된다. 유감스럽게도 우리의 영토는 지나간 320년 동안 아래와 같이 축소만 되어왔다.

- 1712년 「서간도」 백두산 정계비, 서간도 청나라에 편입
- 1860년 「연해주」 청 – 러시아 베이징조약으로 연해주가 러시아에 편입
- 1867년 「대마도」 메이지 유신 이후 일본이 대마도를 강탈함
- 1909년 「북간도」 청 – 일본의 간도협약으로 북간도 청나라에 편입
- 1953년 한국전쟁으로 남북 분단

먼저 영토축소의 역사적 과정을 이해하고, 이스라엘이 잠재적 영토관을 1800년이라는 오랜 시간 동안 간직하면서 그들 조상의 영토를 회복하였듯, 우리도 잃어버린 고토 회복을 위해, 우리의 잠재적 영토가 어디까지인지 항상 머릿속에 새기고 있어야 할 것이다. 당분간은 그들이 비틀고 왜곡시켜서 잘못 서술된 역사를 바로잡는 운동부터 열심히 해나가야 할 것이다. 가장 먼저 잘못 기재된 우리 아이들의 역사 교과서부터 바꾸어야 할 것이며, 동시에 우리의 오랜 역사와 전통, 문화도 영어, 스페인어, 불어 등 각국의 언어로 제작하여 세계만방 곳곳에 널리 알려야 할 것이다.

대한민국! 잃어버린 우리의 역사 문화 그리고 영토를 찾아서

차례

머리말 3

제1장

일제(日帝)가 날조(捏造)한 임나일본부 10

　1. 야마토 왜(倭)와 백제 담로들 11

　2. 송서(宋書)에 기록된 5명의 왜(倭) 왕들 16

　3. 일본서기 임나국은 어디요? 바보야, 그건 대마도야! 19

　4. 광개토태왕릉비 신묘년 기사와 일본의 자의적 해석 26

　5. 신공 황후는 가공의 인물인가? 34

제2장

일제는 '낙랑군' 한사군을 '낙랑국' 한사군으로 둔갑시켰다 42

　1. 고구려의 평양성은 어디에? 43

　2. 기자는 조선에 오지 않았다 55

　3. 백제는 대륙에도 있었다 63

　4. 배은망덕한 강도 위만이 세운 정권 66

　5. 한사군의 전모 71

　6. 이정기가 산동반도에 세운 제(濟)나라 78

　7. 최리의 낙랑국(樂浪國) / 낙랑국과 호동왕자 81

　8. 낙랑군이 평양이었다는 동북아역사재단 84

　9. 올바른 한국사의 체계 86

제3장

한반도로 옮겨진 만리장성, 그 시작은 일제 식민사관인가? 88

1. 중공이 옮겨 놓은 만리장성 89

2. 중국 요녕성의 철령 박물관 98

3. 명(明)나라 주원장이 보낸 외교문서 100

4. 역사서에 기록된 고려와 조선의 국경 104

5. 명대 장성으로 둔갑한 고구려 박작성(泊灼城) 108

제4장

일제에 의해 사라지고 왜곡된 조선사 112

1. 한국의 고문헌, 고사서(古史書) 수거 및 소각 113

2. 환국(桓國)을 환인(桓因)으로 변조해서 우리 역사에서 4876년(환국 3301년, 배달 1565년)을 없앴다 120

3. 환국과 배달은 어떤 나라인가? 123

4. 단군조선을 말살, 단군 탄생을 신화화함으로써 모두 2277년(고조선 2096년, 북부여 181년)의 역사를 없애버렸다. 총 7143년의 우리 역사가 사라진 것이다 128

5. 일제는 『삼국사기』와 『삼국유사』 두 책을 남겼으나, 시기상 임나일본부가 성립되지 않자 『삼국사기』 초기 기록까지 부정했다 132

제5장

해방이 되었는데 역사광복은 왜 하지 못했나? 136

1. 해방 후 식민사학이 그대로 주류사학이 되었다 137

2. 식민사학은 실증사학으로 포장지만 바꾸었다 146

3. 랑케의 실증사학과 일본의 변질된 실증주의 사학은 다르다   149

4. 일본 극우파들의 회생은 지금까지 한일갈등의 주원인으로 이어져 왔다
    152

5. 일본 정부의 해외유학생 육성과 극우파들의 한국 식민사학 지원   158

제6장

잃어버린 우리의 역사, 문화 그리고 영토를 찾아서   160

1. 고려, 조선의 국경과 삼국시대 일식 기록에 의한 삼국의 수도 위치   161

2. 간도 땅   166

3. 대마도(對馬島)   173

4. 홍산 문화(紅山文化)   181

5. 고구려 역사와 발해의 역사, 그리고 잃어버린 땅들   192

제7장

우리가 관심을 가져야 할 나라들   200

1. 오키나와 류큐왕국   201

2. 티니안 아일랜드(Tinian Island)   207

제8장

어떻게 하면 대한민국 역사광복을 찾을 수 있을까?   212

♦ 광개토태왕릉비 비문 전문 해석   218

♦ 독도는 대한민국의 섬이다   233

제1장

일제(日帝)가
날조(捏造)한
임나일본부

1

야마토 왜(倭)와
백제 담로들

일본이 세워진 시기는 한반도 백촌강에서 나(羅)·당(唐) 연합군과 백제(百
濟)·왜(倭) 지원군 사이에 대규모 전투가 벌어진 서기 660년 이후였다.
이 전쟁은 동방의 여러 나라가 참전했던 역사적인 국제전이었다. 왜는
백제를 지원하기 위해 어마어마한 지원군 27,000여 명을 400여 척의 군
선에 태워 백촌강에 파견했다. 나흘 동안 벌어진 치열한 해전에서 오랜
항해 기간의 피로감에, 백제 부흥군의 내분까지 겹쳐 백제·왜 지원군은
나·당 연합군에 참패하고 말았다. 678년의 오랜 역사를 가진 백제는 이
전쟁으로 멸망하게 되었고, 수많은 백제 유민들은 퇴각하는 군대와 함
께 야마토 왜로 황급히 쫓겨나는 신세가 되었다. 퇴각하면서도 혹 왜 열
도까지 뒤쫓아 오지 않을까 염려되어 곳곳에 방어용 성들을 쌓으면서
후퇴했다. 오랜 세월 이어져 왔던 백제와 야마토 왜의 인연이 이것으로
완전히 끊어지고 말았다. 왜는 패전의 아픔을 수습함과 동시에 독자적
인 자주 국가를 홀로 개척해 나가야만 했다. 서기 670년 38대 천지(天智,
재위 CE 668~671) 천황이 즉위하고 난 뒤 '야마토 왜'에서 '일본'으로 나라
이름을 바꾸고 새로운 출발을 시작했다.

5세기 왜나라 열도에는 백제의 제후국인 담로가 세 곳 있었다. 규슈의 다나마 지방, 오사카 긴키 지방의 가와지 일대, 그리고 지금의 동경 북쪽 사이다마현 교다 지역이다. 중국 양(梁) 무제(武帝)의 아들 상동왕(湘東王) 소역이 만든 양직공도(梁職貢圖)에는 '백제는 웅진 시대에 스물두 개의 담로를 거느리고 있으며, 각 담로를 왕의 자제와 종족에게 나누어 다스린다'고 적혀 있다. 또한 담로 외에 '백제에 부속된 나라로 반파(叛波), 탁(卓), 다라(多羅), 전라(前羅), 사라(斯羅), 지미(止迷), 마련(麻蓮), 상기문(上己汶), 하침라(下枕羅) 9개의 국가'를 열거하고 있다. 일본 고분에서 발굴된 쇠칼에 새겨진 글자들에서 백제의 담로가 어디에 있었는지 알 수 있다.

규슈의 다나마군 에다후나야마 고분에서 발굴된 쇠칼에서 백제 왕족 우현왕 여기(餘紀)가 그곳의 '확고'로서 획가다지로(獲加多支鹵)대왕을 섬겼다는 글들이 발견되었다. 확고는 담로의 우두머리를 부르는 명칭이고 획가다지로는 백제 개로대왕이 왜나라 왕이었을 때 불렸던 이름이다. 또한 동경 북쪽 교다(行田)시 이나리야마 고분군에서 나온 쇠칼에서는 교다 지방의 후왕인 호확고(乎獲居, 오와케)가 개로대왕이 사귀궁(斯鬼宮)에 있을 때 천하를 다스리는 것을 도왔다는 글자들이 새겨져 있다.[1]

① 에다 후나야마 고분군에서 출토된 칼에 새겨져 있는 글들이다.

1 서강대학교 김영덕 명예 교수, 『백제와 다무로였던 왜나라들』(글로벌콘텐츠)

대한민국! 잃어버린 우리의 역사 문화 그리고 영토를 찾아서

「治天下獲□□□鹵大王世奉事典曹人名无利工八月中
用大鑄釜并四尺廷刀八十練六十振三才上好□□刀服
此刀者長□子孫洋洋得三恩也不失其所統 作刀者伊太加書者張
安也」

「천하를 다스리는 획가이신 개로대왕을 섬기던 전조인 '기리'가 만
들었다. 팔월에 큰 가마솥을 사용, 넉 자 칼을 만들었다. 여든 번 달
구고 육십 번 후려쳤다. 이 칼을 차는 자는 장수하고 자손이 양양하
고 세 가지 은덕을 입을 것이며, 그 다스리는 바를 잃지 아니할 것이
다. '이다가'가 칼을 만들고 '장안'이 글을 썼다.」

쇠칼에는 은으로 75자의 글자들이 새겨져 있다. 백제 개로대왕(CE
455~475)이 왜 나라에 있을 때, 그를 섬기던 기리가 만든 칼이다. 개로대
왕이 왜 나라 왕 사이(濟, 443~455)였을 때 송(宋)나라에 보낸 상표문에 열
한 명의 대신에게 작위를 제수해 줄 것을 요청한 적이 있다. 이때 나오
는 '우현왕 여기(余紀)'가 '기리(无利)'였다. 이 글의 글자체와 이나리야마
고분에서 발굴된 칼에 새겨진 글자체가 같은 것을 보면 이나리야마 고
분에서 발굴된 칼과 같은 시기에 만들어진 것이라 볼 수 있다.

② 이나리야마 고분군에서 나온 칼에 새겨져 있는 글들이다.

(앞면)「辛亥年七月中記乎獲居巨上祖名意富比垝
其兒多加利足尼其兒名互己加利獲居

┃ 이나리야마(稲荷山) 고분군 (출처: wikipedia ⓒSaigen Jiro)

┃ 稲荷山古墳出土鉄剣 앞면과 뒷면 (출처: wikipedia)

대한민국! 잃어버린 우리의 역사 문화 그리고 영토를 찾아서

其兒名多加被次獲居其兒名多沙鬼獲居 其兒名半互比
其兒名加差披余其兒名乎獲居」

「신해년(CE 471) 7월에 적는다. 호획거신(乎獲居臣, 오와케-오미)의 시조 이름은 의부비궤(意富比垝, 오호-히코), 그 아들은 다가리족니(多加利足尼, 타카리-스쿠네), 그 아들의 이름은 호이가리획거(弖已加利獲居, 테요카리-와케), 그 아들의 이름은 다가피차획거(多加披次獲居, 타카헤시-와케), 그 아들의 이름은 다사귀획거(多沙鬼獲居, 타사키-와케), 그 아들의 이름은 반호비(半弖比, 하테히), 그 아들의 이름은 가차피여(加差披余, 카사헤요), 그 아들의 이름이 호획거(乎獲居, 오와케-오미)이다.」

(뒷면)「世世爲杖刀人 首奉事來至今獲加多支鹵大王寺在
斯鬼宮時吾左治天下令作比百錬利刀記吾奉事根源也」

「세세로 장도인(杖刀人)의 우두머리가 되어 오늘에 이르기까지 봉사하여 왔다. 획가다지로대왕(獲加多支鹵大王, 와카타키로-오키미)을 모시어 사귀궁(斯鬼宮, 시키-미야)에 있을 때 나는 천하를 다스림을 도와서 이 백련리도(百練利刀)를 만들게 하였으니 내가 봉사한 근원을 적는다.」

2

송서(宋書)에 기록된
5명의 왜(倭) 왕들

중국 송서에 기록된 왜 나라 5왕을 보면 당시 일본 천황가는 백제의 세 담로 중 하나였음을 알 수 있다. 백제의 왕자 중에는 일본 긴키 지방의 담로에 파견되어 지내다가 귀국 후 백제의 왕이 된 경우가 여럿 있다. 비유임금(CE 427~455)이 그렇고, 개로대왕(455~475)은 왜왕 사이(濟, 443~455)였다. 또 왜왕 부(武, 475~501)는 귀국 후 무령대왕(501~522)이 되었다. 이 사실들은 왜왕 부(武)가 478년 송나라에 보낸 상표문을 통해서 밝혀졌다.

상표문이란, 왕이 다른 나라 왕에게 보내는 서신인데 왜왕 부(武)가 송나라 승명(昇明) 2년에 보낸 상표문에서 '복상(服喪)이 끝났으니 갑자기 돌아가신 부형(父兄)의 원수를 갚아야 하겠다'고 다짐하고 있다. 국장 3년의 관례에 따르면 왜왕 부(武)의 부형(父兄)은 475년에 돌아가셨으며, 475년에 중국, 백제, 신라, 고구려 및 왜에서 임금과 태자가 한꺼번에 사망한 사건은 백제 개로대왕과 그의 태자뿐이다. 고구려 장수왕이 쳐 내려와서 개로왕과 태후 및 태자를 아차산(峨嵯山)으로 끌고 가 모두의 목을 베었다. 상표문 해석을 통해, 이 사실을 처음 밝혀낸 학자는 원광

대한민국! 잃어버린 우리의 역사 문화 그리고 영토를 찾아서

대학교 소진철 명예 교수였다.

　왜왕 사이(濟)의 동생 곤지는 형이 아버지 비유왕의 서거로 귀국하자, 형의 뒤를 이어 왜왕 고오(興, 455~477)가 되었다. 460년 송나라 세조(世祖) 대명(大明) 4년에 송에 서신을 보낸 자가 왜왕 고오(興)였다. 왕의 자리는 반드시 동생이나 아들한테 물려주는 것이 순리이기 때문에 일본서기에서 유라꾸(雄略, 457~479)라고 하는 천황은 왜왕 사이(濟)의 동생 곤지로 보인다. 일본학자들은 송서에 나오는 왜왕 고오(興)와 유라쿠 천황이 같은 사람이 아니라고 하지만, 두 사람의 재위기간이 22년으로 똑같다.

　송서에 나오는 왜 5왕이 일본서기에서 전혀 언급되지 않은 것은 추후 규명되어야 할 것이다. 무령대왕의 아들 성왕(일명 성명왕(聖明王), 523~554)은 아버지가 왕으로 지냈던 왜 열도를 왔다 갔다 하다가 아들 위덕에게 나라를 물려준 뒤, 왜나라로 아예 건너가서 킨메이 천황(欽明王)이 되었다. 당시 일본 천황가를 주물렀던 백제계의 소가씨 가문이 도움을 준 것으로 보인다. 소아도목(蘇我稻目)은 두 딸을 킨메이 천황의 부인으로 바쳤으며, 소아도목의 아들 소아마자(蘇我馬子)는 킨메이 천황의 아들 비다쓰 천황부터 요메이, 스슌, 스이코 천황까지 4대에 걸쳐 대신(大臣)으로서 소가씨 전성시대를 열었다.

　백제의 성왕이 킨메이 천황이 되었다는 이야기는 일본 천황가를 오랫동안 연구해온 홍윤기 교수와 일본 오사카대학의 고바야시 야스코(小林惠子) 교수가 일관되게 주장해 왔다.

백제 왕실	중국사서	일본서기
		오진
		닌도쿠(仁德)
18대 전지(腆支, 405~420)	산(贊) 421 송에 상표문	리쥬(履中)
19대 구이신(420~427)	진(珍, 438~443) 438 송에 상표문	한제이 (反正, 재위 5년)
20대 비유(427~455)		인교 (允恭, 412~453?) *29년간 기사 無
21대 개로(455~475)	사이(濟, 443~455) 443 송에 상표문	안꼬 (安康, 453~455)
22대 문주(475~477)	고오(興, 455~477) 460 송에 상표문	유라꾸 (雄略, 457~479)
23대 문근=삼근(477~479)		세이네이(清寧)
24대 말다=동성(479~501)		겐조오(顯宗)
25대 무령(501~522)	부(武, 478~501) 478 송에 상표문	닌겐(仁賢)
		부레쓰(武烈)
	게이타이 (繼體, 504~531)	
26대 성왕(523~554)		

대한민국! 잃어버린 우리의 역사 문화 그리고 영토를 찾아서

3

일본서기 임나국은 어디요?
바보야, 그건 대마도야!

과거 일본인들에겐 소위 '황국(皇國) 사관'이라는 것이 주입되어 있었다. 일본 '천황'은 하늘의 자손이고 신이므로 그의 말은 무조건적으로 신봉해야 하며 일본은 신이 다스리는 나라라는 것이다. 이 황국 사관은 일본 우월주의와 함께 제국주의 시절 일본의 만행을 정당화시키는 데 앞장서서 사용되어왔다. 이들은 신공(神功, 진구우) 왕후라는 여왕이 고대에 한반도 남부를 정벌하고 가야에 임나일본부를 세웠으며 200년 동안 지배했다는 엉터리 주장에 터무니없는 연고권까지 내세워서 조선을 침략했다. 고대에는 일본이란 나라 이름도 없었고, 우리나라 어떤 역사서에도 그런 기록은 없다. 전혀 말이 안 되는 얘기지만, 불과 70여 년 전까지만 하더라도 이것이 철저하게 먹혔다. 강제로 나라를 빼앗긴 식민지 시대였기에 어느 누구도 제대로 반박할 수 없었기 때문이었다.

『일본서기』「숭신기(崇神紀)」 65년에 나오는 내용이다.

「秋7月 任那國遣蘇那曷叱知, 今朝貢也.

任那者去筑紫國, 二千餘里.

北阻海以在鷄林之西南」

　　위 세 줄이 일본의 국수주의자들과 사학자들, 그리고 한국의 많은 강단 사학자들까지 임나일본부설을 줄기차게 주장, 또는 추종해 온 근거다. 위 세 줄을 정확하게 해석하면 아래와 같다.

「가을 7월에 임나국(任那國)이 소나갈질지(蘇那曷叱知)를 파견하여 조공하였다. 임나(任那)라는 나라는 축자국(筑紫國)으로 2천여 리(二千餘里) 가면 있는데, 북(北)으로는 바다(海)로 막혀 있고 계림(鷄林)의 서남(西南)쪽에 있다.」

　　이것이 올바른 해석이다. 일본의 학자들은 한자 '去'의 해석을 올바르게 하지 않았다. 다분히 의도가 담긴 엉터리 해석이었다. 그들은 임나국이 축자국에서 2,000여 리 떨어져 있다고 해석을 했다. 중국어에서 '你去哪儿? 我去學校.' 하면 '너(你) 어디(哪儿) 가니(去)? 나(我) 학교(學校) 간다(去).'는 뜻이다. 你는 '너', 哪儿는 '어디'이다. '너는 어디 떨어져 있니? 나는 학교와 떨어져 있다.'라는 말이 아니다. '我去中國' 하면 '나는 중국에 간다', 또는 '나는 중국으로 간다'라는 뜻이다. 이 '去'를 '간다(to go)'라고 해석해야 하는데 '떨어져 있다(距, Distance, Gap)'라고 자의적이고 의도적인 엉터리 해석을 하고는, 임나(任那)를 찾겠다고 일본의 많은 역사학자들이 축자국에서 2,000여 리 떨어진 한반도 남부 지방만을 찾아다녔다. 축자국에서 2,000여 리 떨어진 곳에 임나가 있다는 것이 아니고, 임나는 야마토 왜 나라 조정에서 축자국 쪽으로 2,000여 리 떨어진 곳에 있다고 해야 올바른 해석이다. 축자국은 고대 규슈의 북쪽에 있었던 작은 나라 이름이고, 왜 나라 조정은 오사카 긴키 지방에 있었다. 계림은 신라의 경주를 뜻한다. 또 북(北)으로는 바다(海)로 막혀 있다고 했다. 한반도의 남부 지방은 어느 곳도 북쪽으로 바다로 막힌 곳이 없다. 북쪽으로 바다로 막힌 곳이면 섬이 아닌가? 양심 없는 역사학자들은 이 부분도 아랑곳하지 않았다. 그런 자들을 진정 학자라고 부를 수 있는 것인가! 임나는 야마토 왜에서 축자국(筑紫國)으로 2천여 리(二千餘里) 가면 있는데, 북(北)으로는 바다(海)로 막혀 있고 계림(鷄林)의 서남(西南)쪽에 있다. 바보야, 그곳은 바로 대마도 아닌가! 『환단고기』의 『太白逸史』「高句麗 國本紀」에도 "任那는 乃大馬全稱也"라고 나온다. '임나는 대마도 전체를 가리키는 이름'이라는 말이다.

(김인배·김문배, 『任那新論 역설의 한일 고대사』, 16쪽) 칸 마사도모(菅政友)의 『任那考』(1893)를 필두로 하여 나카 미찌요(那珂通世)의 『加羅考』(1894~1896), 쓰다 소우키찌(津田左右吉)의 『任那彊城考』(1913), 이마니 시류(今西龍)의 『加羅彊城考』(1913), 아유가이 후사노신(鮎具房之進)의 『日本書紀 朝鮮地名攷』(1937), 이케우찌 히로시(池內宏)의 『日本上古의 一研究』(1947)에 이어서, 스에미쓰 야스카즈(末松保和)의 『任那興亡史』, 가까이는 이노우에 히데오(井上秀雄)의 『任那日本府와 倭』(1978) 등이 모두 그런 부류의 연구 자료들이다.

식민지 시대 '임나일본부설'의 근거를 찾겠다고 일본 정부는 혈안이 되어 한반도 남부의 가야 유적을 집중적으로 파헤치고 다녔다. 수많은 고분들을 닥치는 대로 파헤치면서 출토된 귀중한 유물과 사료들을 훼손 하기도 하고, 값이 나가는 많은 유물들을 일본으로 가져갔다. 출토된 유 물들을 연구하면 연구할수록 고대 일본을 형성시켜 준 선진유물들이 가 야의 유적에서 쏟아져 나온 것임을 확인해야 했다.

한국의 강단사학계는 지금도 '임나(任那)'를 종래 일본 사학계의 주장 대로 한반도의 '가야 연방체'로 인식하는 수준에 그대로 머물고 있다고 해도 과언이 아니다. 김태식(金泰植)은 「6세기 전반 가야 남부 제국의 소 멸 과정 고찰」에서 『일본서기』 「欽明紀」 2년(541년) 4월조의 기사에 나오 는 남가라(南加羅)를 지금의 김해 지방에, 탁기탄(喙己呑)을 靈山·밀양에, 탁순(卓淳)을 창원에 비정하고 있다.

2016년 10월 한성백제박물관에서 한국고대사학회가 주도하는 고대 사 시민 강좌에 강사로 나온 이영식(李永植)은 『일본서기』에 기록된 임나 일본부의 관련 사료는 가야 지역에서 전개되었던 역사적 사실로 보아야 한다며 왜의 사신에 지나지 않는 몇몇 임나일본부 인물들이 백제, 신 라, 가야의 이해관계를 좌지우지하였다고 임나 외교 사절설을 주장하였 다. 또 이영식(李永植)과 백승충(白承忠) 두 사람은 기문(己汶)을 남원으로, 대사(帶沙)를 하동으로 비정하고 있다.

임나 4현(任那四縣)이란 『일본서기』에 등장하는 상치리(上哆唎), 하치 리(下多唎), 사타(娑陀), 모루(牟婁) 4개 지역을 가리키는 일본 규슈의 지명

대한민국! 잃어버린 우리의 역사 문화 그리고 영토를 찾아서

인데, 이 4현의 위치 비정에 있어서도 학자마다 견해가 다르다. 김정학은 이를 섬진강 하구에서 낙동강 유역에 이르는 가야와 백제 사이의 완충 지대로 보았고, 천관우는 낙동강 상·중류 방면에 비정하였다. 또 최인선은 임나 4현을 순천, 광양, 여수 등의 전남 동남부권에 비정하였다.

약간 다른 시각을 가진 학자도 있었다. 「신공기」 49년조에 나오는 비자발(比自烋), 남가라(南加羅), 녹국(㖨國), 안라(安羅), 다라(多羅), 탁순(卓淳), 가라(加羅)의 신라(新羅) 7국의 위치에 대해서 문정창(文定昌)은 7국이 對馬(대마도), 이키(壹岐), 남규슈 지방의 도서(島嶼)였을 것이라고 하였고, 이병선(李炳銑)은 모두 대마도 내의 읍락국(邑落國)으로 보고 그곳을 비정하였다. 이 외에도 여러 학자들이 고대 한반도의 남부 지방으로 비정하였다.[2]

2019년 12월부터 국립중앙박물관에서 '가야본성'이라는 주제로 가야 기획전시회를 개최했다. 그러나 4세기에서 6세기까지 200년간 가야 땅에 임나일본부가 통치했다는 일본서기의 내용을 그대로 적용하여 큰 분란을 일으켰다. 부산을 거쳐 일본까지 전시회를 개최하려던 일정은 뜻 있는 학자들과 몇몇 단체들의 거센 반발로 도중에서 중단되고 말았다. 국회 청문회에 호출된 국립중앙박물관 관장은 주류 강단사학자들의 주장이 담긴 것이라고 변명 아닌 변명을 했다. 국민의 세금으로 운영되는 국립중앙박물관이다. 세금이 참 아깝게 쓰이고 있다고 생각된다. 소신

---

2   김인배·김문배, 『任那新論 역설의 한일 고대사』(고려원), 24, 302쪽

도 없고, 그냥 목구멍이 포도청인 것이다. 현재의 주류 강단사학자들이 왜 그렇게 되었는지 그 원인들을 본서의 뒷부분에서 찾아볼 예정이다.

최근에도 남원을 기문으로 등록하느냐 마느냐 싸우고 있다. 참으로 한심한 일이라 아니할 수 없다. 최근(2021년 9월 16일) 부산 동래구청 홈페이지에 '합천·남원을 창씨개명하여 유네스코에 등재하는 것을 막아주십시오'하는 호소문이 올라왔다. 국회에서 배현진 의원이 총리한테 이것을 막아달라고 건의하는 장면도 TV 뉴스에 나왔다. 총리는 학자들의 의견을 먼저 존중해야 한다는 등의 답답한 답변만 하고 있었다. 총리고 국회의원이고 적어도 국가 공무원이 되려면 우리나라의 역사는 제대로 공부해야 한다는 생각이 들었다. 다음은 호소문 일부이다.

"문화재청이 1조 2천억 원의 국민 세금으로 친일 강단사학자를 고용하여 가야사복원을 창씨개명하여 임나사로 복원하라고 사주하고 있습니다. 국민 여러분! 가야사를 임나사로 복원하여 가야의 문화유산을 임나사로 유네스코에 등재하려는 무서운 짓을 중지시켜 주십시오. 독도를 죽도(다케시마)로 창씨개명하여 유네스코에 등재하려는 것과 같습니다. 문화재청은 창씨개명을 부활시켜 남원 가야를 임나의 소국 '기문국', 합천가야를 임나의 소국 '다라국'이라고 주장합니다. 『삼국사기』·『삼국유사』·『중국사서』·『일본서기』 어디에도 남원이 '기문'이라는 기록은 없습니다. 합천이 '다라'라는 기록은 없습니다. 일본놈이 조선을 정벌하기 위한 명분으로 역사를 조작한 것이고, 강단사학자가 장악한 문화재청은 조선총독부의 지시를 그대로 따르고, 교육부와 문화재청은 국민을 세뇌시키고 있는 것입니다. 일본서기의 임나라는 많은 지명은 다라, 기문 등은 일본 열도에 있는 땅입니다. 문화재청과 강단사학자는 겉으로는 임나일본부는 없다고 주장하면서 기문국과 다라국은 한국에 있다고 주장합니다. 어찌 하는 수작이 일본놈하고 비슷합니다. 문화재청이 국민을 속이고 2021년 3월 유네스코에 서류심사를 통과시켰습니다. 2021년 9월 유네스코 실사단이 방문하여 실사를 마치면 우리는 그 날부터 토착왜구가 됩니다."

2021.11.12. 남원시장은 가야사 바로잡기 전국연대 대표자들과 간담회를 갖고 남원을 기문가야로 등재하는 것을 포기한다고 선언하였다.[3]

3 The Korea History Times 2021-12-13

4

광개토태왕릉비 신묘년 기사와
일본의 자의적 해석

광개토태왕릉비가 발견되기 전 우리 한국인들에게 광개토태왕은 평범한 고구려의 왕으로 기억되었다. 『조선왕조실록』에도 등장하지 않아 조선 시대 사람들도 대부분 그가 누구였는지는 잘 알지 못했다. 『동국통감(東國通鑑)』 등 고구려사를 다룬 책을 제외하면 조선 시대 문집에서 그에 관한 기록을 찾기 어려웠다. 그는 활발한 정복 활동을 펼쳐 고구려 영토를 크게 넓힌, 대단히 위대한 군주였지만 오랜 세월 후손들에게는 잊혀진 인물이었다. 다만 백제, 후연과 치른 전쟁에서 크게 이겨 할아버지 고국 천황의 수모를 되갚은 왕으로는 기억되었다. 그러다가 그의 아들, 장수왕이 세운 거대한 비석의 발견으로 한국 역사상 최고 영웅 중의 한 분으로 크게 자리매김하게 되었다.

광개토태왕릉비는 고구려의 제19대 광개토태왕(재위 391~413)의 업적을 기리고자 그의 아들 장수왕이 CE 414년 고구려의 옛 수도였던 집안시(集安市)에 세운 거대한 비석이다. 화강암 대리석 위에 세운 비는 무려 높이는 6.39m이고, 무게는 37톤에 달한다. 한 면이 1.35~2m에 달하는 사면체 응회각력암에 총 44행 1,775개의 글자를 새겨 놓았다. 글자 하나하나의 크기가 어른의 주먹만 하다. 1600년 전 거대한 바위 위에 새겨 놓은 글자들이 한 편의 역사서가 되어 지금까지 우리 후손들에게 전해져 오고 있다는 사실은 참으로 자랑스럽고도 뿌듯한 일이다.

이 능비는 건립된 이래 고구려를 이어 발해 시대(669~926)까지 제대로 보전되다가, 요나라를 세운 거란이 발해를 멸망시키고 지역을 차지하면서 세인들의 기억 속에서 완전히 사라지고 말았다. 그 후 요나라를 멸망시킨 만주족이 금나라를 세운 이후에는 금 왕조의 능비로도 인식되었다. 몽골의 원나라 시대와 명나라 시대를 거치면서 그 같은 인식은 더욱 굳어져 갔다. 비각은 사라지고 능비 일부는 땅속에 묻힌 상태였다. 1883년, 육군 참모부의 밀정 사카와 가게노부 중위가 만주 지역을 정탐하기 위해 집안(集安)이라는 시골에 잠입했다. 오랫동안 일반인들의 출입이 엄격히 금지된 지역이었다. 명(明)나라를 멸망시킨 만주족이 청(靑)나라를 세우면서 이곳이 그들 민족의 발상지라 하여, 세인들의 출입을 금지시키고 인적 없는 상태로 버려두었었다. 1876년경 청(靑)의 봉금 제도가 해제되고 회인현(懷仁縣)이라는 지명으로 불리게 된 후, 농부 한 사람이 땅을 개간하다가 비석을 발견하여 관아에 신고했다. 비로소 아주 거대한 비가 있다는 것이 알려지게 되었다. 사카와 중위가 발견하기 전 중국의 금석학계에 먼저 소개되었지만 이를 실질적으로 발견한 것은 사카와였다.

비에 빼곡히 새겨진 비문을 본 그는 탁본을 만들어 일본으로 가져갔다. 왜(倭)라는 글자가 눈에 띄었기 때문이다. 그가 일본으로 가져간 탁본은 일본 국수주의자들에게 큰 관심을 불러일으켰다. 그들은 비문 가운데 왜와 관련된 내용이 일본 고대사의 중대한 문제와 연관 깊다고 생각했다. 사카와가 가져온 탁본을 기초로 일본 육군 참모본부에서 비밀리에 해독작업을 진행했고, 1888년 아세아협회의 기관지 회여록(會餘錄)에 고구려고비고(高句麗古碑考)라는 제목으로 게재되었다. 그 후 7년이 지나서 1905년 황성신문을 통해서 우리나라에도 알려졌다.

| 광개토태왕릉비 (출처: 국립중앙박물관)　　　　　| 비문의 일부, 辛卯年 기사 (출처 東京国立博物館)

일본의 학계는 비문의 신묘년 조에 지대한 관심을 보였다. 그들은 자국 학계의 요구에 맞는 내용이 광개토태왕릉비의 비문에 있다고 생각했다. 그리고는 일본에 아주 유리한 해석을 내놓았다. 왜(倭)가 백제, 신라를 공격하여 신민으로 삼았다는 글이 비문에 나와 있다는 것이다. 이후 이에 대한 일본 학자들의 논문들이 마구 쏟아지기 시작했는데, 대부분이 광개토태왕릉비의 「신묘년기사(辛卯年記事)」를 『일본서기』의 신공황

　　　대한민국! 잃어버린 우리의 역사 문화 그리고 영토를 찾아서

후(神功皇后)가 4세기 후반에 현해탄을 건너와 한반도 남부 지역을 정벌했다는 전설적 내용과 관련지어 임나일본부설을 주장하는 것이었다. 비문에서 가장 문제가 되는 구절은,

「… 百殘新羅舊是屬民由來朝貢而倭以辛卯年來渡海破百殘□□新羅以爲臣民 以六年丙申王躬率水軍討伐殘國民」이다.

비문을 해석하면, '백잔(百殘)과 신라(新羅)는 예부터 속민(屬民)이어서 계속 조공(朝貢)을 보내왔다. 왜(倭)가 신묘년(辛卯年)에 바다를 건너와 백잔과 □□, 신라를 깨부수어 신민(臣民)으로 삼았다. 6년 병신(丙申, CE 396)년에 광개토태왕이 직접 수군(水軍)을 이끌고 패잔국민들을 토벌(討伐)했다.'고 풀이할 수 있다. 일본인들은 □□에 任那(임나)를 넣어 왜(倭)가 신묘년(辛卯年)에 바다를 건너와 백잔과 임나, 신라를 깨부수고 (왜의) 신민으로 삼았다고 해석했다. 한국의 어떤 역사책에도 그런 기록은 없다. 그런 사실이 없었기 때문이다. 이들은 줄곧 임나(任那)는 한국 남부의 가야(伽耶) 또는 가라(加羅)라고 주장했다. 백잔은 고구려가 백제를 낮추어 불렀던 이름이라 했다. '속민(屬民)'은 '형제 국가'를, '신민(臣民)'은 '신하 국가'를 뜻한다. 백제와 신라가 고구려의 형제 국가인 것은 맞지만, 고구려에 조공을 보낸 적은 없다. 더구나 백제, 신라, 가야 어느 나라도 왜의 신하 국가가 된 적은 한 번도 없었다.

한국의 대표적인 역사책『삼국사기』에 임나(任那)라는 말이 딱 한 번 나온다. 대마도를 가리켜 임나라고 했고 고구려의 땅이라고 했다. 4세기

에는 일본이라는 국명이 아예 존재하지도 않던 시기였다. 비석이 너무 오래되어 글자 훼손 부분이 많아 일찍 탁본을 해 놓은 것으로만 해석들을 해 왔는데, 지금까지 가장 오래된 것으로 알려졌던 1887년 탁본보다 11년이나 앞선 1876년에 만든 탁본이 다시 발견되었다고 한다. 새로 발견된 탁본에서는 위의 □□ 부분이 추파(隨破)일 것으로 추정된다고 한다. □□에 隨破를 넣어 해석하면 '왜(倭)가 신묘년(辛卯年)에 바다를 건너와 백잔을 격파하고, 이어서 신라를 격파해서 신민으로 삼았는데 광개토왕이 손수 수군을 이끌고 가서 이들을 토벌했다.'라고 해석된다.

그러나 이 비문에 나오는 백잔과 신라는 한반도에 있었던 백제나 신라가 아니었다. 백제는 백잔이라 불린 적이 없다. 비문 속의 백잔과 신라는 일본 규슈에 있던 백제의 분국과 신라의 분국이었다. 백잔과 신라는 한반도 남쪽 사람들이 규슈로 건너가서 세운 작은 나라들이었고, 왜(倭)는 기나이(畿內: 倭의 수도 인근 지역)에 있던 야마토 조정이었다. 바다를 건넜다는 것은 현해탄을 건넌 것이 아니고, 규슈에 있던 백제와 신라의 분국을 치기 위해 일본 열도의 내해인 세도나이카이(瀨戶內海)를 건넜다는 것이다.

세도나이카이는 일본 열도의 본섬과 시코쿠(四国)섬 사이의 긴 내해(內海)로 호수같이 조용한 바다다. 혼슈(본섬)의 나라나 교토에서 규슈로 오기 위해서는 반드시 이 바다를 건너와야 한다. 필자는 2013년 봄 규슈의 오이타에서 밤 배를 타고 세도나이카이를 건너 오사카까지 여행한 적이 있다. 혼슈와 시코쿠 사이에 긴 다리가 딱 하나 있었으며 바다는 파도가 치지 않는 호수처럼 아주 잔잔했다. 한국의 옛 역사서 『태백일사(太白逸史)』에 의하면 광개토태왕 6년 병신(丙申, CE 396)년에 태왕이 이끄

대한민국! 잃어버린 우리의 역사 문화 그리고 영토를 찾아서

는 고구려(高句麗) 수군이 직접 일본 열도에 있는 백제의 잔당국 규슈의 백잔과 신라 분국을 침공하여 모두 고구려에 귀속시켰다는 기록이 있다. 이때 고구려는 바다와 육지의 여러 왜(倭)를 모두 열 나라로 나누어 다스리게 하면서 임나(任那)의 통제하에 두었다고 한다.

『환단고기』「태백일사(太白逸史)」 제6 고구려국본기 '왜와 고구려의 관계'(~CE 400~) 기록이다.

「任那者本在對馬島西北界 北阻海有治曰國尾城 東西各有墟落 或貢或叛

後對馬二島遂爲任那所制 故自是任那乃對馬全稱也 自古仇州大馬乃三韓分治之地也 本非倭人世居地 任那又分爲三加羅 所謂加羅者首邑之稱也 自是三汗相爭歲久不解 左護加羅屬新羅 仁位加羅屬高句麗 雞知加羅屬百濟是也 永樂十年三加羅盡歸我 自是海陸諸倭悉統於任那 分治十國號爲聯政 然直轄於高句麗 非烈帝所命 不得自專也」

「임나는 본래 대마도의 서북 경계에 위치하여 북쪽은 바다에 막혀 있으며 다스리는 곳을 국미성(國尾城)이라 했다. 동쪽과 서쪽 각 언덕에 마을이 있어 혹은 조공을 바치고 혹은 배반하였다. 뒤에 대마도 두 섬이 임나의 통제를 받게 되어 이때부터 임나는 대마도 전체를 가리키는 이름이 되었다. 옛날부터 규슈(仇州)와 대마도(對馬島)는 삼한이 나누어 다스린 땅으로, 본래 왜인이 대대로 살던 곳이 아니다. 임나가 또 나뉘어 삼가라가 되었는데, 이른바 '가라'라는 것은 중심이 되는 수읍(首邑)을 부르는 이름이다. 이때부터 삼한(三汗, 삼가라의 왕)이 서로 다투어 오랜 세월이 지나도록 화해하지 못하였다. 좌호가라(左護加羅)가 신라에 속하고, 인위가라(仁位加羅)가 고구려에 속하고, 계지가라(雞知加羅)가 백제에 속한 것은 이 때문이다. 영락(永樂, 광개토열제) 10년(CE 400)에 삼 가라가 모두 고구려에 귀속되었다. 이때부터 바다와 육지의 여러 왜(倭)를 모두 임나에서 통제하여 열 나라로 나누어 다스리면서 연정(聯政)이라 했다. 그러나 고구려에서 직접 관할하여 열제의 명령 없이 마음대로 하지는 못했다.」

지금도 대마도를 방문하면 좌호(左護), 인위(仁位), 계지(雞知)라는 지명이 그대로 사용되고 있다. 학교, 우체국, 지도, 버스 표지판의 이름 등에서 쉽게 찾아볼 수 있다. 이 지명들은 1600년 이상 내려온 고대 이름들이다. 여기서 해륙제왜(海陸諸倭)라 하여 임나(任那) 연방 10국이 규슈까지 포함되었음을 얘기하고 있다.

『태백일사』「고구려국본기」에서 연방 10국의 위치에 대해서도 얘기하고 있다.

「… 直到狗耶韓國 乃加羅海北岸也 居數月轉徙于阿蘇山而居之
是爲多婆羅國之始祖也 後倂于任那, 聯政以治, 三國在海, 七國
在陸, 初弁辰狗邪國人先在團聚, 是爲狗邪韓國. 多婆羅一稱多羅
韓國, 自忽本而來與高句麗早已定親, 故常爲烈帝所制, 多羅國與
安羅國同隣而同性, 舊有雄襲城, 今九州雄本城是也.」

「… (협보가) 곧장 구야한국에 이르니 곧 가라해의 북쪽 해안이었다.
몇 달 지내다가 아소산으로 옮겨 살았는데, 이 사람이 다파라국의
시조이다. 뒤에 다파라국[多婆羅國, 일칭 다라한국(多羅韓國)]을 임나
에 병합하여 연정을 세워 이를 통치케 하였다. 3국은 바다에 있고 7
국은 뭍에 있었다. 처음에 변진(弁辰) 구야국(狗邪國)의 사람들이 먼
저 들어와서 모여 산 적이 있었는데, 이를 구야한국(狗耶韓國)이라
한다. 다파라(多婆羅)를 일명 다라한국(多羅韓國)이라 불렀다. 이곳
사람들은 홀본(忽本)으로부터 와서 고구려와 일찍 친교를 갖고 있었
으므로 늘 열제의 통제를 받았다. 다라국은 안라국(安羅國)과 함께
이웃하고 성(性)씨도 같았다. 옛날에 웅습성(雄襲城)을 갖고 있었으
니 지금 규슈의 웅본성(雄本城, 구마모토성)이 그곳이다.」

임나 10국 중 3국은 바다에, 7국은 육지에 있었다고 명시되어 있을
뿐 아니라 구사한국(狗邪韓國), 다라국(多羅國), 안라국(安羅國)이 모두 규
슈에 있었다고 얘기하고 있다.

신공 황후는
가공의 인물인가?

신공 황후가 신라, 백제를 정복했다는 『일본서기』의 기록들이다. 중애 (仲哀) 8년(CE 199)의 기록에 의하면 신공 황후가 신들린 상태에서 고금신 라국(栲衾新羅國, 다쿠부스마 시라키 구니)을 토벌할 것을 주장하는 대목이 나온다.

"비유하면 처녀의 눈썹과 같고, 나루터를 향한 나라가 있습니다. 눈부신 금과 은, 비단이 많이 그 나라에 있습니다. 이를 고금신라 국(栲衾新羅國)이라 합니다."

신공 황후가 정복한 고금신라국(栲衾新羅國)은 어디에 있던 나라인 가? 이름 속에 신라(新羅)가 있다고 해서 한반도에 있었던 新羅인가?

김인배, 김문배 두 저자가 저서 『任那新論 역설의 한일 고대사』에서 다음과 같이 밝혀주고 있다. 다쿠부스마는 무슨 뜻이 있는가? 한국어식 해석으로 '(눈)닦구 (이불)벗으마'의 뜻이다. 따라서 다쿠부스마 시라키는 잠 깨는 신라, 또는 개명(開明)하는 신라가 된다. 『일본서기』 9권 신공 황후편에 항복한 신라(新羅) 왕의 얘기가 나온다. "아리나레하(阿利那禮河)가 역류하고 강의 돌이 하늘에 올라가 별이 되는 일이 없는 한, 춘추로 말빗과 말채찍을 바치고, 해마다 남녀의 조(調)를 바치겠습니다."라고 했다고 한다.

아리나레하(阿利那禮河)는 고유 명사가 아니고 '아래-나루-물'의 의미이다. 저자는 아리나레하(阿利那禮河)를 규슈에 있는 '아리-아케-우미(有明海)'로 비정하고 있다. 아리-아케-우미는 어원적으로 '개명(開明)한 항구가 있는 아래쪽 바다'라고 보아도 무리가 없다. 또한 고금신라국이 있던 곳을 다쿠(多久)로 비정하고 있고, 신공(神功) 46년조에 처음 나오는 탁순(卓淳)은 이것의 이표기(異表記)로 보고 있다.[4]

『일본서기』 편찬자들은 백제 사람들이었고, 백제에서 나라를 잃고 왜나라로 쫓겨간 사람들이었다. 이들은 역사를 편찬하면서 신라, 백제는 물론이고 고구려까지 정벌해 조공을 받을 만큼 대단한 인물을 하나 내세우고 싶었다. 그러나 진구우 황후가 활약했던 시기에는 그런 인물을 찾을 수가 없었다. 실제로 내세울 만한 사람을 찾아보니 야마타이국의 히미코 여왕이 있었다. 그녀뿐이었다. 그녀는 중국과 신라의 역사에 기록될 만큼 유명했던 왜 나라 통치자였다. 야마타이국의 지배자 히미코 여왕은 일본 역사상 최초의 여성 지배자로, 『삼국지』「위지동이전」, 「왜인조」, 『후한서』「동이전」, 『수서』「야마토국전」 등에 그 기록이 있다. 그녀는

---

4 김인배·김문배, 『任那新論 역설의 한일 고대사』(고려원), 260~274쪽

지나의 위 왕으로부터 친위왜왕(親魏倭王)이란 칭호와 금인자수(金印紫綬) 및 거울을 받았다. 그녀가 신라에 사신을 보냈다는 기록도 있다.

그러나 그들은 천황가는 만세일계(萬世一系)라고 주장해야 했기에, 고민 끝에 히미코 여왕 대신 신공황후를 등장시킨 것이 아닐까? 히미코 시대는 CE 178~247년이고 신공황후의 시대는 CE 200~269년이다. 히미코가 죽은 247년에서 진구황후가 죽은 269년까지, 22년간은 『일본서기』가 말하지 못하는 이요의 재위 기간이다. 히미코가 죽고 나서 약속대로 남왕파가 복귀하려 했으나, 온 나라가 불복하여 서로 싸우다가 1,000여 명이 죽은 뒤에야 히미코의 종녀 이요(壹與)가 즉위했고 나라가 안정되었다. 장고에 들어간 그들은 신공황후의 활동 시기와 기록들을 모두 히미코 여왕의 활동 시기로 과감히 옮기기로 결정한 것 같다.

『일본서기』에는 신공 46년 '사마숙녜가 겸인 이파이와 탁순인 과고 두 명을 백제국에 파견하였을 때, 백제의 초고(肖古)왕이 매우 기뻐하며 후하게 대접하였다'는 얘기와 신공 49년 '백제왕 초고(肖古)와 왕자 귀수(貴須)가 군대를 끌고 와서 만났다.'는 대목이 나온다. 여기 언급된 백제는 한지(韓地)의 백제가 아니다. 한지 백제 5대 초고왕(肖古王)의 재위 기간은 166년부터 214년까지이므로, 신공 46년이라는 『일본서기』의 246년과 차이가 난다. 『일본서기』 신공기에 적힌 백제 왕력 내용과 『삼국사기』의 기록을 비교해 보면 다음 표와 같다.

『일본서기』	『삼국사기』
신공 55년(CE 255) 백제 초고(肖古)왕이 죽었다.	근초고왕(近肖古王): CE 375년 왕이 죽었다.
신공 56년(CE 256) 백제 왕자 귀수(貴須)가 왕위에 올랐다.	근구수왕(近仇首王): CE 375년 왕위에 올랐다.
신공 64년(CE 264) 백제 귀수왕이 죽었다. 왕자 침류가 왕위에 올랐다.	침류왕(枕流王): CE 384년에 즉위했다.
신공 65년(CE 265) 백제 침류왕(枕流王)이 죽었다. 숙부 진사(辰斯)가 왕위를 빼앗아 왕이 되었다.	진사왕(辰斯王): 침류왕의 아우로 침류왕이 죽었을 때 태자가 어렸으므로 숙부인 진사가 왕위에 올랐다. (CE 385년)

위의 표에서 『일본서기』 기록과 『삼국사기』 기록은 각각 120년이 차이 나고 있다. 『삼국사기』가 바르게 표기된 연도인데, 『일본서기』에서는 120년을 옮겨 놓고 있다. 120년을 옮겨 놓는 데도 실수를 저질러 놓았다. 근초고왕과 초고왕은 이름이 비슷하지만 다른 사람이다. 왕자 귀수와 근구수왕도 다른 사람이다. 비슷한 사람끼리 붙여 놓으면 속일 수 있다고 생각한 것으로 보인다. 그런데 이와 같은 『삼국사기』와 『일본서기』의 이주갑 연도 차이는 15대 오진(應神)과 16대 닌도쿠(仁德) 및 후대 몇 대까지 이어졌다. 그러다 제21대 유라쿠(雄略, 웅략)대에 이르러서는 연도의 차이가 없이 제자리를 찾아가고 있다. 『일본서기』의 부정확한 연대 기술의 한 단면을 나타내고 있어, 『일본서기』를 읽는 사람들에게 쓸쓸함을 안겨준다.

신공황후가 실존 인물이라면 그녀의 시기를 왜 히미코의 시대로 옮겨 놓았을까? 신공황후의 재위기간 69년(200~269)은 히미코 시대의 69년

(178~247)과 동일하기는 하다. 신공황후는 14대 중애(仲哀, 치우아이) 천황의 실제 부인이었을 가능성도 있다. 그렇다면, 「신공황후기」의 내용을 조작하여 이주갑 120년을 적용하게 만들어 놓은 이유는 무엇일까? 「임나신론(任那新論)」의 김문배, 김인배 두 공동 저자는 저서에서 '백제의 고이왕(古爾王) 시절(CE 234~286)에 이루어진 왜 나라로의 진출 사실을 은폐 내지 호도하려는 의도적인 조작'이라고 피력했다. 백제의 초고왕(재위 CE 165~214) 때에 해상을 통한 큐슈(九州)에의 진출이 이루어지고, 고이왕 시대(재위 CE 234~286)에 이르러서는 본격적인 침공을 시작함으로써 일본 열도가 백제의 영향권 아래 놓이게 되었다. 이처럼 치욕스런 사단(事端)을 후일의 『일본서기』 편찬자들이 은폐하고 싶었기 때문일 것이라고 보고 있다. 백제가 왜 나라에 보유했던 세 곳의 담로는, 담로가 생겨나기 전 백제의 침략행위가 수반되어야만 가능했기 때문이다. 이 120년의 공백을 채우기 위해 일본서기를 만든 사람들은 초기 왕들의 재위 기간과 천수를 늘려가며 연도 수를 맞추어 놓은 것으로 보인다.

『일본서기』에서 제10대 스진(崇神) 천황은 67년 치세에 120살, 제11대 스이닌(垂仁)은 99년 치세에 140살, 제12대 게이코(景行)는 59년 치세에 106살, 제13대 세이무(成務)는 59년 치세에 107살, 섭정 진구우(神功) 황후는 69년 치세에 100살, 제15대 오진(應神) 천황은 40년 치세에 100살, 제16대 닌도쿠(仁德) 천황은 87년 치세에 100살 산 것으로 기록하고 있다. 당시 고도의 문명을 자랑하던 중국에서도 70세 이상 살기 어려웠던 시기였다. 신화시대도 아닌데 왕들이 100살 이상 살았다는 것은 믿기 어렵지 않은가? 일본의 다른 역사서 고사기에는 천황들의 수명을 이와 다르게 기록하고 있다. 제10대 스진(崇神) 천황은 168살, 제11대 스이닌(垂仁)은 153살, 제12대 게이코(景行)는 137살, 제13대 세이무(成務)는 95살, 섭정 진구우(神功) 황후는 100살, 제15대 오진(應神) 천황은 130살 산 것으로 기록하고 있다. 비슷한 시기에 백제의 왕들은 얼마나 치세했는지 비교해 보면, 백제 13대 근초고왕은 346년 즉위하여 29년 다스렸고, 14대 근구수왕은 375년 즉위 9년 치세, 15대 침류왕은 384년 즉위 1년 치세, 16대 진사왕은 385년 즉위 7년 치세, 17대 아신왕 392년 즉위 13년 치세, 18대 전지왕 405년 즉위 15년 치세했다.

「일본국가의 기원」을 저술한 일본 사학자 이오우에 마쓰사다(井上光貞)는 '묘견공주 히미코는 규슈 일대에서 29개의 소국 5만 호(戶)를 평정, 야마다이국의 여왕이 된 인물로 일본 왕가의 전설적인 시조 아마테라스 오미가미(天照大神)'라고 주장했다. 묘견 공주를 제신(祭神)으로 모시고 있는 규슈 구마모토현 야쓰시로시에 위치한 야쓰시로 신사[일명 묘견궁(妙見宮)] 기와지붕 꼭대기에는 머리는 용, 몸체는 물고기로 만든 한 쌍의 조형물이 서로 마주 보고 있다. 이 쌍어(雙魚) 문양은 가야 왕조에 나타나는 왕가 고유 문양이다. 금관가야 김수로왕의 두 공주 중 한 명은 신라의 석태자(昔太子)에게 시집갔다고 『편년가락국기』에 나와 있다. 한반도에서 흔적조차 보이지 않는 인물이 한 명의 왕자와 한 명의 공주다. 이들이 선견 왕자와 묘견 공주가 아닐까 추측하기도 한다.

일본의 학자들은 이주갑의 적용을 주장하고, 또 이것으로 CE 369년부터 CE 562년까지 약 200년간 한반도 남부지역을 지배했다는 '임나일부설'을 연결하고 있다. 그러나 광개토태왕이 일본 열도를 초토화 시킨 시기가 CE 396년과 CE 400년이고, 송서(宋書)에서 왜(倭) 5왕이 송나라에 사신을 보낸 시기가 CE 421~479년이다. 광개토태왕의 일본 열도 침공 시기와 CE 421~479년 왜 나라 다섯 왕의 송나라 조공 기록 등을 볼 때, CE 369년부터 약 200년간의 '임나일본부'설은 도저히 연결시킬 수 없는 사건이다.

이런 것을 감안하면 「신공 황후기」에서 120년 이주갑을 적용하는 것은 시기적으로 맞지 않는 것이다. 신공 황후가 실제 인물이었다면 CE 201~268년 기간 중 야마토 왜 조정이 규슈에 있었던 백제 분국, 구다라와 힘을 합쳐 다른 한인들의 분국들과 전쟁을 치른 기록으로 보아야 하는 것이다.

백제 구다라 왕의 모국인 한지(韓地) 백제왕들의 이름이 나오는데, 이것은 이들이 모국의 왕들 이름을 실제로 사용했거나, 『일본서기』를 편찬할 때 편찬자들이 백제 신찬 등 백제의 역사서에서 그 이름들을 따와 붙였을 가능성도 있는 것으로 보인다.

제2장

일제는 '낙랑군' 한사군을 '낙랑국' 한사군으로 둔갑시켰다

고구려의 평양성은
어디에?

광개토태왕릉비 비문에 평양(平穰)이 세 번 나오는데, 가장 먼저 나오는
곳이 영락 9년(CE 399년) '王巡下平穰'이란 문구다. '왕이 평양에 내려갔
다'는 뜻이다. 바로 앞에 백잔(百殘)이 맹서를 어기고 왜와 화통했다는
얘기가 있고, 왕이 평양으로 내려갔다는 글 다음에 태왕이 신라왕의 사
신을 만난 이야기로 이어진다. 당시 수도는 평양성 동쪽의 황성[5]이었다.
태왕은 황성에서 평양으로 내려가 '신라를 왜인들로부터 구원해 달라'는
신라왕이 보낸 사신 얘기를 들었다. 은혜롭고 자비로운 태왕은 신라왕
의 충성을 불쌍히 여겨 태왕의 계획을 미리 알려주고 돌아가 신라왕께
고하라고 지시했다.

『삼국사기』, 『동국통감』 기록에 의하면 고구려는 졸본부여에서 시작
하여 수도를 모두 6번 옮겼다. 졸본부여→환도성→평양성→환도성→

5　황성(皇城): 국내성("琉璃明帝二十一年에 又自訥見으로 移都于國內城하시니 亦日皇城이오." 『태
　　백일사』 「고구려국본기」)

평양 동쪽 황성→평양성→장안성 순이었다. CE 342년 연왕 모용황의 공격으로 환도성이 불타고 남녀 5만 명이 포로로 잡혀갔다. 미천왕의 묘까지 파헤쳐 시신을 들고 갔다. 궁궐이 파괴되자 343년 평양성 동쪽 황성, 국내성(國內城)으로 천도했다. 그러다가 태왕의 아들 장수왕 때 다시 평양성으로 옮겨갔다. 평양성은 어디에 있었을까? 백잔은 고구려가 한반도 백제를 낮추어서 불렀던 호칭이라고들 하는데 그것이 사실일까? 사신을 보낸 신라는 서라벌 신라일까? 다른 곳의 신라일까? 신라왕의 사신은 먼 신라에서 평양까지 말을 타고 왔을까? 배를 타고 왔을까?

> 九年己亥, 百殘違誓與倭和通, 王巡下平穰. 而新羅遣使白王云, 倭人滿其國境, 潰破城池, 以奴客爲民, 歸王請命. 太王恩慈, 矜其忠誠, □遣使還告以□計

신라왕의 사신이 태왕을 만나러 온 해는 영락 9년(CE 399년)이었다. 태왕은 대왕보다 높은 황제의 호칭이다. 맹서를 어기고 왜와 화통했다는 백잔은 한반도의 백제가 아니고 백제 사람들이 대마도나 규슈로 건너가서 세운 백제의 분국이다. 고구려사람들은 백제인들이 왜(倭) 열도에서 만든 분국을 백제 본국이 아니라는 의미로 그렇게 불렀다. 사신을 보낸 신라 또한 서라벌 신라가 아니라 왜 열도로 건너가서 세운 신라 사람들의 분국으로 보인다.

『태백일사(太白逸史)』「고구려국본기(高句麗國本紀)」에 '임나가 나누어져 세 개의 가라, 즉 좌호가라는 신라, 인위가라는 고구려, 계지가라는 백제에 속했는데, 영락 10년(CE 400년)에 모두 고구려에 귀속되었다. '고구

대한민국! 잃어버린 우리의 역사 문화 그리고 영토를 찾아서

려가 바다와 육지의 여러 왜를 모두 열 나라로 나누어 연정으로 다스렸다'는 기록이 있다. 영락 9년에 신라왕의 사신이 광개토태왕에게 방문했는데, 다음 해에 태왕이 보병과 기병 5만을 보내 임나를 통일시킴은 물론, 육지의 여러 왜까지 연정으로 다스렸다는 것이다.

당시 교통은 육로보다 수로가 단연 우선이었다. 필자가 아주 어릴 때 아버지를 따라 배를 타고 부산에서 충무를 다녀왔다. 그때만 해도 육로는 도로 상태나 운송수단 모두 좋지 못해 배로 가는 교통편이 더 편리했다. 마포, 영등포 등 옛 포구의 흔적들이 지금도 한강에 남아있는데 1600년 전의 교통편이야 말할 필요가 없을 것이다. 신라의 사신은 육로가 아닌 배편을 이용해 멀리 평양까지 태왕을 만나러 온 것이었다.

비문에도 연선(連船)이라는 용어가 나온다. 육로는 도로망이 없거나, 있어도 대단히 열악했고 산이나 강으로 막혀 있으면 더욱 많은 시일이 걸렸다. 지금이야 고속도로망이 여기저기 거미줄처럼 깔려 있어 완전히 딴 세상이 되었지만, 옛날에는 선박편이 유일한 교통수단이 되었거나 육로보다 훨씬 더 빠르고, 또 편리했다. 이때 신라의 사신은 대마도에서 배를 타고 온 것이었다.

두 번째 평양이 나오는 곳은 영락 14년(AD 404년)이다. 영락 14년, 왜(倭)가 대방계(帶方界)를 침입했다. 왕이 손수 군대를 이끌고 평양을 거쳐 내려가 적과 만났다. 왜구가 궤멸되고 수없이 참살되었다고 했다. 왜가 침입해 온 대방계(帶方界)는 어디였는가?

十四年甲辰, 而倭不軌, 侵入帶方界. □□□□□石城□連船□□

□, 王躬率□□□, 從平穰□□□鋒相遇. 王幢要截盪刺, 倭寇潰
敗. 斬煞無數.

• 『삼국사기』 고구려본기
미천왕(美川王) 14년(313년) 10월조(條): "낙랑군에 쳐들어가 남녀 2
천여 명을 사로잡았다."
미천왕 15년(314년) 9월조: "남으로 대방군을 침공하였다."

• 『자치통감』 진기(晉紀)10 민제(愍帝) 건흥(建興) 원년(313년) 4월조:
"요동(遼東)의 장통(張統)은 낙랑·대방의 두 군(郡)에 대하여 세력을
가지고 있었는데, 고구려왕 을불리(乙弗利=미천왕)와 더불어 서로
공격하였으나 여러 해가 지나도 해결이 나지 않았다. 낙랑군의 왕
준(王遵)이 장통을 설득하여 그 백성 1천여 가(家)를 거느리고 모용
외(慕容鬼)에게 귀복(歸服)하였다. 이에 모용외는 (자기의 지배영역 안
에) 낙랑군을 설치하고 장통을 낙랑태수로, 왕준을 참군사(參軍事)
로 삼았다."

'대방(帶方)'에는 두 가지의 실체가 있다. 즉, 요동을 지배하던 공손(恭
孫)氏가 3세기 초에 설치하였다는 원래의 대방군(帶方郡)과, 313년에 고
구려에 의해 중국이 지배하던 낙랑군이 쫓겨나면서, 대방군도 선비족
(鮮卑族) 모용(慕容)氏가 지배하던 요서 지역으로 함께 옮겨져 재설치
된 대방군이 바로 그곳이다.

영락 14년(404년)에 왜가 침입하였다는 '대방계(帶方界)'라 함은, 지금의 요하(遼河) 내지 혼하(渾河)와 연결된 남쪽 바다를 가리키는 것으로 보인다. 지금의 요동만(遼東灣)이 바로 대방계(帶方界)였다.

而倭不軌侵入帶方界 [和通殘]□□石城□連船□□□

고구려에 있던 석성(石城)의 위치에 대하여, 한진서(韓鎭書)氏는《해동역사(海東繹史)·속(續)》권6 고구려 지리고(地理考)/성읍(城邑) 편에서 다음과 같이 기술하였다. 석성(石城)·적리성(積利城)이라는 항목을 두어 "석성은 마땅히 압수(鴨水)의 입해구(入海口)의 서쪽에서 멀리 떨어지지 않은 곳에 있다.(石城當在鴨水入海口之西不遠之地.) 적리성도 또 그 가까이에 있다.(積利城又其相近者也.)"고 기술함으로써, 석성이 압록강 이북의 요동지방에 있는 것으로 추정하였다. (위의 글에서 낙랑군이 요동지방에 있다는 것을 알 수 있다. 석성에서 언급된 압수(鴨水)는 동압록이 아닌 서압록이다.)

세 번째 평양은 수묘인 부분에서 나오는 평양성민(平穰城民)이다. 평양성의 백성은 국연 1집, 간연 10집을 하라고 적혀있다. 국연과 간연 모두 묘를 지키는 사람들이다. 국연은 제사를 맡고 간연은 묘를 관리하는데, 국연이 간연을 통솔했다. 비문에 수묘인 관련 사항을 자세히 명기한 것은 미천왕의 능이 파괴되고 시신까지 약탈당했던 쓰라린 경험 때문으로 보인다.

압록강은 서 압록강과 동 압록강 두 개의 강이 있었다. 서 압록은 鴨淥이라 쓰고 동압록은 鴨綠이라 써서 서로 글자가 달랐다. 청둥오리 수

컷의 머리 색깔과 강물의 물색이 닮았다 하여 압록이라 불렀다. 그들의 기록을 찾아보면 평양성은 서압록(西鴨渌)의 동편에 있었다는 것을 알 수 있다. 평양은 압록강 동쪽 왕험성(王險城)이었으며, 기자의 옛 나라가 있던 곳이라 성밖에 기자의 묘가 있었다고 했다. 또 한(漢)나라 때 그곳에 낙랑군이 있었다고 했다. 평양성은 요나라 시대에 동경이라 불리었고, 고려 태조 왕건의 시대에는 서경(西京)으로 불리었다.

※ 여기서 말하는 기자의 옛 나라는 (고)조선의 46세 보을 단군 재위 원년에 번조선 왕 해인(解仁)이 연나라에서 보낸 자객에게 시해를 당한 후, 오랫동안 오가(五加)의 권력다툼 아래 있었다. 재위 19년 정월에 읍차(邑借) 기후(箕詡)가 병사를 이끌고 번조선 궁에 진입하여 스스로 70세 번조선 왕이 되고, 사람을 보내어 윤허를 청했으며, 단군께서 이를 윤허하셨다. 이후 기욱, 기석, 기윤, 기비, 기준까지 번조선의 왕을 지냈다. 기준은 나중에 위만의 망명을 받아주고 벼슬까지 주었지만, 위만에게 쫓겨난 비운의 왕이 되었다. 이들은 기자의 후예일 가능성은 있으나, 기자가 아니다. 당시 (고)조선은 삼한관경제로 진한은 단군이 직접 통치하시고, 번한과 마한은 단군이 임명한 왕을 두었다.

〈신당서 열전 145-동이전〉 기록이다.

有马訾水出靺鞨之白山, 色若鸭头, 号鸭渌水, 历国内城西, 与盐难水合, 又西南至安市, 入于海。而平壤在鸭渌东南, 以巨舻济人, 因恃以为堑

마자수는 말갈의 백산에서 시작되고 색이 오리의 머리 색깔과 흡사하여 압록수라 부른다. 국내성 서쪽으로 흘러 염난수와 합해지고, 서남쪽으로 안시에 이르러 바다로 흘러 들어간다. 평양성은 압록(鴨淥)의 동남쪽에 있어, 커다란 배로 사람을 건네고 믿음직한 참호 역할을 하고 있다.

명(明)·청(淸) 시대 만주역사를 전공한 강원대학 남의현 교수는 고구려 시대 압록강은 지금의 요하라고 밝혔다. 북쪽 동요하와 서요하의 합수지점에 지금도 아주 큰 비석이 하나 놓여 있는데 "요하는 일명 '고려하'라 한다"는 내용이 적혀 있으며 비문에서의 고려는 고구려를 의미한다고 했다. 그 지역은 고구려가 무려 700년 이상 지배하던 지역이었다. 요하는 처음에 고려하로 불리다가 압록수로 이름이 바뀌고, 압록수에서 압록강으로 불리다가 지금은 다시 요하로 부르고 있다. 중국 중원에서 만주로 오려면 먼저 압록수라 불리던 요하를 건너야 하고 다시 살수를 건너야 고구려 평양성에 도달할 수 있었기에 평양성은 자연적으로 천혜의 요충지가 되었다고 한다. 1930년에 나온 봉천토지라는 자료에는 요택의 길이가 천 리(400km), 폭이 200리(80km)로 명기되어 있다.

비가 많이 오면 요하는 요해로 불릴 정도로 강폭이 넓어졌고, 비가 내리지 않는 시기에도 넓은 강폭과 진흙 구덩이 요택 때문에 30만 대군이 함부로 건너올 수가 없었다고 한다. 당 태종이 1만 명의 사람을 파견시켜 풀과 흙으로 일부를 메꾸어보려 했으나 끝내 실패한 곳이 바로 요택이었다. 남의현 교수는 고구려 시대 평양은 지금의 요양(遼陽)이었다고 밝혔다.

그렇다면 북한에 있는 평양은 무엇인가? 고구려 시대 평양과는 다른 곳인가? 다르다면 어떻게 다른가? 서로 연관은 있는가? 평평한 평야를 가진 곳을 평양이라 불렀기에 만주에는 평양이란 도시가 여러 곳 있었다는 얘기가 있다. 우리는 학교에서 한사군이 북한의 평양 근처에 있었다고 줄기차게 배워왔다. 중학교 시험의 단골 메뉴였다. 그러나 그것은 일본 식민사학자들이 만든 엉터리 허구였다. 만주 낙랑군에 있었던 한사군을 평안도 낙랑국의 한사군으로 둔갑시킨 일제의 식민교육 때문이었다. 중국의 어떤 역사책에도 북한 평양에 대한 기록이 없다. 북한의 평양이 언제부터 평양으로 불리게 되었는지 전혀 기록이 없는 것이다.

조선 시대 『조선왕조실록』 세종 권35에 이런 얘기가 나온다. 세종대왕께서 우리가 삼한 통일을 했으니 각각의 수도에 시조 왕릉을 만들자고 지시하자 예조판서 신상이 "삼국의 시조 묘를 세우는데 마땅히 그 도읍에 세울 것이니, 신라는 경주, 백제는 전주인데 고구려는 알지 못하겠습니다."하고 아뢰었고, 세종대왕께서 "비록 도읍지에 세우지 못하더라도 각기 그 나라에 세우면 될 것이다."라 한 기록이 있다.

백제가 전주라고 얘기한 것은 후백제를 말한 것 같으나 고구려는 수도를 여러 번 옮겼기 때문에 어디가 수도였는지 몰랐다는 것으로 이해할 수 있다. 고려 태조 왕건이 후대 왕들에게 '3년마다 6개월씩 서경 평양에 머물며 국가를 경영하라'는 교시를 남긴 것을 보면, 만주 평양이 고려 건국 시기에 고려의 국토 안에 있었음을 알 수 있다. 세종대왕의 지시로 옛 고구려의 땅에 시조 묘를 만들면 된다고 하여 지금의 북한 평안도 땅에 시조 묘를 만들게 하고, 그 후부터 그곳을 평양이라 부르게 되었다고 생각된다.

다음은 고구려 평양에 관한 중국 사서 기록들이다.

• 「대명일통지(大明一統志)」(朝鮮)

한무제는 조선 땅을 평정하여 진번, 임둔, 낙랑, 현토 4군을 두었고, 소제 때는 병합하여 낙랑, 현토 2군만이 남게 되었다. 한나라 말기에는 공손탁에게 점거되어 손자 공손연으로 이어지다가 위나라에게 멸망하였다. 진 영기 연간에 고구려의 땅이 되었는데 고구려는 부여의 별종이었다. 고구려왕 고련(장수왕)이 평양성에 거하였으니 곧 낙랑군의 땅이다.

• 「대명일통지(大明一統志)」고적(古蹟)

평양성은 압록강 동쪽에 있으며 왕험성(王險城)이라고도 하는데, 기자(箕子)의 옛 나라이다. 성 밖에 기자의 묘가 있다. 한(漢)나라 때는 낙랑군의 치소였으며 진 의회 연간 후에 그 왕 고련(장수왕)이 처음으로 이 성에 거주하였으며, 후에 서경(西京)이라 불렀다. 원(元)나라 때는 동녕로(東寧路)였다. 〈대명일통지에서 살수가 평양성 서쪽에 있다고 기록하고 있다.〉

- 「당서(唐書)」 발해지(渤海志)

고구려의 옛 땅을 서경(西京)으로 만들고 압록부라 칭하여 신(神),
환(桓), 풍(豊), 정(正) 4주를 관할하였다. 압록은 (당과 발해의) 사절이
내왕하는 통로이다.

- 「요사(遼史)」 지리지

록주(淥州)는 본래 고구려의 옛 땅으로 발해가 서경압록부라고 칭
했으며 환주(桓州)는 녹주의 서남방 200리에 있고 정주(正州)는 녹
주의 서북방 300리에 있다.

- 元史 卷59 志11 地理2 東寧路

  동녕로는 본래 고구려 평양성(平壤城)으로, 또는 장안성(長安城)이
  라고도 하였다. 한나라가 조선을 멸하고 낙랑·현토군을 설치하였
  는데, 이것이 낙랑 지역이다. 진(晉) 의희(義熙) 후반, 왕 고련(장수
  태왕)이 처음으로 평양성에 살기 시작했다. 당나라가 고구려를 정
  벌하고 평양을 공략하자 나라를 동쪽으로 옮겨서 압록수(鴨綠水)의
  동남쪽 1,000여 리 되는 곳에 있었는데, 그곳은 평양의 옛터가 아
  니다. 왕건(王建)에 이르러서 평양을 서경으로 삼았다.

- 遼史 拳38 地8 地理志2 東京道 東京遼陽府

  원위(元魏) 태무제(太武帝)가 사신을 보내어 그(고구려 장수태왕)가 거
  주하는 평양성(平壤城)에 이르렀는데, 요(遼)의 동경이 본래 이곳이
  다. 당나라의 고종이 고구려를 평정하고 이곳에 안동도호부를 설
  치하였다. 후에 발해의 대씨(대조영)의 소유가 되었다.

- 『삼국유사』 흥법(興法) 제3 순도

  살펴보면 고구려는 안시성(安市城), 일명 안정홀(安丁忽)에 도읍을
  정하였는데 요수(遼水)의 북쪽에 있다. 요수는 일명 압록(鴨淥)이라
  고도 하며 지금은 안민강(安民江)이라 부른다.

고구려 시대 평양성은 요하 동편에 있었다. 천혜의 요새였고 지금의
요양(遼陽)이었다. 또한 일제가 우리의 역사를 왜곡하기 위해 평안도에
있었다고 조작한 한사군, 즉 진번, 임둔, 낙랑, 현토 4군이 만주지방 요

하 동편에 있었다는 것을 알려주고 있다. 일제는 우리 조선을 침략하기 위해 옛날에 '너희들은 왜 나라의 식민지가 된 적이 있었다'고 없는 임나일본부설을 날조한 후 조선을 침략했다.

사실은 정반대였다. 일본이 왜 나라였을 때 왜 열도에는 백제가 세운 담로가 세 곳이나 있었다. 담로는 백제가 만든 제후국을 말하며, 반도 백제는 그들의 황제국이었다. 백제의 담로가 들어서기 전에는 금관가야 김수로왕의 7 왕자들이 건너가서 나라를 세웠다. 지금도 매년 11월 10일이 되면 규슈의 가고시마현 기리시마 신궁(霧島神宮)에서는 천손강림 어신화제(御神火祭)가 열린다. 일본 건국 신화의 주인공 천손 '니니기' 일행이 하늘에서 내려온 것을 기리는 축제다. 『고사기』와 『일본서기』에도 일본 건국의 신 '니니기'가 하늘에서 구지 후루다케로 내려왔다고 기록하고 있다. 후루는 한국어로 마을의 옛말이고 다케는 봉우리를 뜻한다. 즉 구지봉(龜旨峯)으로 내려왔다는 것인데, 일본의 이 건국신화는 한반도 가야(伽倻) 건국신화와 일치하고 있다. 일제는 우리의 유구한 역사를 말살시키기 위해서 남쪽에는 일본의 식민지 임나일본부가 있었고, 북쪽에는 한(漢) 나라의 식민지 한사군이 있었다고 엄청난 조작을 했다.

기자는 조선에
오지 않았다

『죽서기년』에는 기자가 은나라의 마지막 왕 주왕에 의해 감옥에 갇혔으며, 은나라의 멸망 후 주나라 무왕(武王) 16년 기자가 주나라 왕실에 조근(朝覲)했다고 전한다. 공자의 『논어』에서는, 기자는 은나라 말기 미자(微子)·비간(比干)과 더불어 3인의 현인 중 한 사람으로 폭군 주왕의 무도를 간언하다가 받아들여지지 않자, 미친 척하며 종[奴]이 되었다고 하였다. 이상과 같이 고대 문헌 기록에서는 기자가 덕과 학문이 뛰어나고 어진 이로 기술되어 있을 뿐, 그가 조선 땅으로 가서 지배자가 되었다는 서술은 보이지 않는다. 한(漢)나라 이후의 기록 중 기자가 조선으로 갔다는 사실을 전하는 최초의 문헌은 복생(伏生)의 『상서대전(尙書大典)』이다. 이에 의하면 기자는 무왕에 의해 감옥에서 석방되었지만, 고국인 은나라가 망했으므로 그곳에 있을 수 없어 조선으로 망명했으며, 무왕이 그 소식을 듣고 기자를 조선에 봉했다는 것이다. 그리고 무왕 13년에 기자가 주나라 왕실에 조근을 왔고, 이때 무왕이 기자에게 홍범을 물었다고 하였다.

〈위공전서(僞孔傳序)〉에 있는 글이다. 제남(濟南)의 복생(伏生)은 나이 90이 넘었는데, 그 본래의 경전을 망실 함에 구두로 전수하여 20여 편을 재정(裁定)하였으며, 상고(上古)시대의 책이라 하여 《상서》라고 하였다. 사마천(司馬遷)의 『사기』 송미자 세가(宋微子世家)에서도 기자를 제신의 친척이라고 하며, 비슷한 전승을 기술하였다. 『상서대전』에서 기자가 먼저 조선에 나라를 세우고 뒤에 봉함을 받았다고 한 데 비해, 『사기』에서는 그가 봉함을 받은 뒤 나라를 열었다고 하였다. 『회남자(淮南子)』와 『대대례기(大戴禮記)』에서는 단지 기자가 미친 척하며 몸을 숨겼다고만 기술하였다.

3세기의 『위략(魏略)』과 그것을 저본으로 하여 편찬된 『삼국지』 동이전에서는 기자 이후 자손이 40여 대에 걸쳐 조선을 다스렸으며, 여러 차례 연나라와 충돌했고, 마침내 위만(衛滿)에 나라를 빼앗겨 기씨의 조선이 멸망하게 되었다고 하였다. 그러나 『삼국지』 동이전의 기록은 사실이 아니다. 기자가 조선에 온 것은 사실일 가능성이 있다. 기자가 와서 살게 된 곳이 당시 조선의 땅이었을 가능성이 있기 때문이다. 그러나 기자는 조선의 왕이 된 적이 없으며, 그의 후손 6명이 단군조선의 일부인 번조선의 왕을 지내다가 강도 위만에 나라를 빼앗긴 적은 있다.

주(周) 나라가 BC 1122년 건국되었다고 하니 기자가 살았던 시기는 3100년 전의 일이다. 그 후 1000년이 흐른 전한시대(BC 206~BC 8년)에 와서 복생이 구술하여 만든 책이 『상서대전』이다. 구술 당시 복생은 90이 넘은 노인이었다고 설명하고 있다. 100년도 아니고 1000년 전에 일어났던 일을 90 넘은 노인이 구술하여 만든 내용을 사실로 믿기는 어렵다.

은나라는 동이족이 세운 나라다. 기자의 고국이 은나라이므로 기자는 동이족이라고 볼 수 있다.

기자 조선설은 한국 고대사를 중국사에 흡수 동화시키기 위해 중화주의 천하 사상이 조작한 허구에 지나지 않는다. 기자는 은나라 마지막 왕인 폭군 주(紂)왕에 의해 감옥에 갇혔으며, 은나라 멸망 후 주나라 무왕에 의해 풀려났었다. 무왕 16년에 기자가 방문하여 무왕에게 천하를 다스리는 대법인 홍범구주(洪範九疇)를 가르쳤다고 한다. 이때 무왕이 "기자를 조선에 봉했으나 신하로는 삼지 않았다(封箕子於朝鮮, 而不臣也)"라고 한 『사기』의 기록을 종래의 사대주의 사학자들은 역사적인 사실처럼 주장해 왔다.

그러나 이 『사기』의 기록은 사마천의 조작이라 볼 수 있다. 단군조선은 주나라의 속국이 아니었다. 속국이면 제후로 봉하고 신하로 삼는 것이 원칙인데 신하가 되지 못했는데 제후로 봉했다고? 못 먹는 떡에 우선 침이나 뱉어놓자는 속셈으로밖에 보이지 않는 것이다.

기자조선설은 일제 이마니 시류에 의해 조선사 말살 차원에서 처음으로 연구되다가 조선의 역사가 중국에 치우치면 안 된다고 생각해서 폐기시킨 이론이다 하니, 국가가 힘을 잃으면 온갖 잡귀들이 달려드는 것 같아 씁쓸한 생각마저 든다. 기자는 주왕 밑에서 감금을 당했다가 무왕이 주왕을 없애고 그를 석방하자 선비가 두 왕을 섬기는 것은 아주 부끄러운 일이라 생각하여 조선으로 피신했다는 기록이 있다. 그러나 기자는 조선에 와서 왕을 한 적이 없다. 그는 조선의 땅으로 온 적도 없다. 옛날에 그곳이 조선의 땅이었을 가능성은 있지만, 그가 온 곳은 조선과는 아주 가까운 경계 지역이었다. 그의 묘는 하남성 상고현과 산동성 조현의 경계 지역에 있다.

당시 이곳이 단군조선의 영토였을 가능성도 있다. 단군조선의 영토였다면 그가 조선에 왔다는 말은 맞을 것이다. 그러나 그가 조선에 와서 벼슬을 한 일은 없다. 다만 기자가 죽고 나서 800년이나 지난 뒤 그의 후손들이 번조선에서 왕을 한 적이 있다. 『환단고기』의 『단군세기』에 그 기록이 있다.

번조선에는 모두 75명의 왕이 있었고, 기자의 후손이 왕이 된 시기는 70세 부단군 기후(箕詡) 왕부터였다. 조선의 국가체계는 삼한관경(三韓管境)이라 불리는데, 단군왕검은 신교의 삼신 원리와 삼신의 신성 속에 깃든 광명 원리를 근본으로 해서 단군조선의 영토를 삼한(三韓, 진한·번한·마한)으로 나누어 다스렸다. 진한(眞韓, 만주 일대)은 단군 천제가 직접 통치하고, 마한(馬韓, 한반도 일대)과 번한(番韓, 요서·하북성 일대)에는 부단군 격인 왕을 두어 각각 다스리게 했다.

고조선에는 단군이 모두 47분 계셨다. 고조선의 46세 보을 단군 원년 12월에 69세 번조선(번한) 왕 해인(解仁)이 연나라에서 보낸 자객에게 시해당하였다. 이후 오가(五加)가 서로 권력을 다투었다. 단군 재위 19년 정월에 읍차(邑借, 지방의 군장) 기후(箕詡)가 병사를 이끌고 번조선 궁에 진입하여 스스로 70세 번조선 왕이 되고, 단군에게 사람을 보내어 윤허를 청하였다. 단군께서 윤허하시고 연나라에 대한 방비를 강화하게 하셨다. 이때가 BC 323년이었다.

이후 기욱(箕煜), 기석(箕釋), 기윤(箕潤), 기비(箕丕), 기준(箕準)으로 기자의 후손 6명이 번조선의 왕위를 이었다. 특히 기비는 북부여의 해모수 단군 즉위 시 도움을 준 사람으로 알려졌다. 이들은 기자의 후손들일 뿐인데, 흔히 얘기하는 기자조선 설과 혼돈하기 쉽다. 상기『삼국지』동이전에서 기자 이후 자손이 40여 대에 걸쳐 조선을 다스렸다는 것은 전혀 사실이 아니다. 기자의 후손 6명이 BC 323~194, 129년간 조선이 대부여로 국호를 바꾼 시기에 번조선의 왕을 지내다가, 연나라의 강도 위만에 정권을 빼앗기게 된 것이다.

그런데 기후는 번조선의 왕이 되자 그의 조상들 모두를 역사기록에서 왕으로 둔갑시켰다. 단군조선의 단군으로 둔갑시켜 진조선의 47대 단군에 억지로 꿰어 맞추다 보니『제왕운기』에서는 단군조선 1028년 후 공백기가 164년이나 생기게 되었고 그 후 BCE 1122년부터 기자조선이 있었다고 잘못 서술하고 있다.『응제시주』에서는 단군조선 1048년 후 공백기가 164년 생긴 후 BCE 1122년부터 기자조선이 있었다고 서술하고 있다. 그러나 이것은 기후가 그의 조상들을 단군으로 둔갑시켰기 때문에 가짜 역사가 만들어진 것이 그 원인이 되었다.『제왕운기』의 1028년이 『응제시주』에서 1048년으로 수정된 것은, 단군조선의 삼한 개국 연도 BCE 2333년에서 삼조선 개칭연도인 BCE 1285년을 제하니 1048년이 나온 것이다. BCE 1122년은 은나라가 멸망한 해이다. 은나라가 멸망 후 기자가 조선에 갔다는 얘기만 듣고, 그때부터 기자조선이 시작되었다고 본 것이다. 기자는 조선에 와서 왕을 한 적이 없으니, 기자조선은 애당초 만들어진 적이 없다.

『환단고기』에서는 이를 바르게 설명하고 있다. 고조선에 대한 대표적인 문헌은『삼국유사』와『제왕운기』그리고『응제시주』가 있다. 그 내용 속에 풀리지 않는 숫자, 164년의 공백이 있었는데, 『환단고기』에서 그 퍼즐들이 풀리고 있다. 『삼국유사』에서는 제1왕조와 제2왕조를 합쳐 단군조선을 1908년으로 기록하고 있다. 164년의 공백기란 있을 수가 없는 것이다.

『환단고기』가 설명하는 고조선의 변천 과정은

제1왕조 송화강 아사달 시대: 삼한(단군 왕검~21세 소태단군) 1048년간
지속,

제2왕조 백악산 아사달 시대: 삼조선(22세 색블루단군~43세 물리단군)
860년간 지속,

제3왕조 장당경 아사달 시대: 대부여(44세 구물단군~47세 고열가단군)
188년간 지속이다.

『삼국유사』에서 단군 1,908세를 살았다고 기록된 것은 제1왕조 1048년과 제2왕조 860년을 합한 기록이다. 제3왕조는 반란을 일으킨 우화충을 소탕한 구물장군이 모든 장수들의 추대를 받아 단군의 자리에 올랐다. 이때 도읍을 장당경으로 옮겼고, 국명을 '대부여'로 개칭했다. 「응제시주」의 단군수명 1048년도 『환단고기』에서 풀린다. 「제왕운기」의 조선 편에서 "무진년(BCE 2333년)에서 일어나서 … 나라를 누리기 1천2십8년 … 이 뒤 164년 만에 … 후 조선의 시조는 기자(箕子) … 41대손의 이름은 준(準) … 938년을 다스렸다" 등의 글이 있는데 이것은 가짜 역사가 기록된 것이다. 『사서』의 "주 무왕이 은나라 멸망(BCE 1122년)에 기자를 조선왕에 봉했다"는 내용만 보고, 번조선의 마지막 왕 기준(BCE 221~BCE

184)까지 추정하여 938년(BCE 1122-BCE 184)을 다스렸다고 잘못 기록한 것이다. 기자가 동쪽으로 갔다는 사실만 가지고 조선으로 갔다고 단정했고, 제후로 봉했는데 신하로 삼지 않았다는 기록만 가지고, 기자가 조선에 가서 왕이 되었을 거라고 단정한 것이다. 기자에 관해서는 다음의 기록이 있다.

- 「단군세기」 솔나(率那) 37년(BCE 1114)
  기자(箕子)가 종거서화(從居西華)하야 사절인사(謝絶人事)하니라.
  기자가 서화(西華, 중국 하남성)에 살면서 인사를 사절하였다. 서화에는 기자가 책을 읽었던 장소 기자의 독서대가 있다.

- 『사기』〈송미가 세가〉 주석
  두예가 말하길 기자(箕子)의 무덤은 양국 몽현(蒙縣)에 있다.
  양국 몽현은 오늘날의 하남성 상구(商邱) 지역이다. 지금 기자묘가 있는 몽현은 상구시와 붙어 있다. 양국 몽현 지역이 옛 고조선의 영역이었을 가능성은 있으나, 기자는 이곳에서 아무런 벼슬을 하지 않았다.

평양에 기자 사당을 세운 것은 충숙왕 12년(AD 1325)이었다. 기자가 사망한 지 2천 년이 훨씬 지난 고려 중기 이후 사대주의 유학자들이 기자를 이 땅에 데뷔시켰던 것이다.

조선(朝鮮)은 2096년 동안 47명의 단군이 계셨으며, 제1왕조 북삼한

(北三韓) 1048년 수도 송화강 아사달, 제2왕조 삼조선(三朝鮮) 860년 수도 백악산 아사달, 그리고 제3왕조 대부여(大夫餘) 188년 수도 장당경 아사달 시대로 이어졌다. 열국시대에 와서 대부여(大夫餘)는 북부여와 남삼한으로 나누어졌는데 남삼한은 단군조선의 북삼한과는 통치 지역이 다르다. 단군조선의 마한(馬韓, 한반도 일대)이 남삼한이 되었다. 북부여에서는 졸본부여가 건국되고 다시 고구려로 바뀌었다. 남삼한의 마한에서는 백제가 건국되고, 진한에서는 신라, 변한에서는 가야연맹이 건국되었다.

3

백제는
대륙에도 있었다

양직공도(梁職貢圖)는 '진(晉)나라 말(CE 419년경)에 고구려가 요동(遼東), 낙랑(樂浪)을 차지하고, 백제는 요서(遼西), 진평현(晉平縣)을 차지하였다'고 했고, 『태백일사』「고구려국본기」에 'CE 502년 고구려가 군대를 보내어 요서·진평 등의 군을 쳐서 빼앗으니 백제군이 없어지고 말았다'는 기록이 있다. 진나라 말이면 CE 419년경이다. 당시 백제는 18대 전지왕 시절이었고, 502년이면 479년에 즉위하여 26년간 재위한 동성왕 시대로 보인다. 『삼국사기』권 제24 백제본기 제2 고이왕(古尒王) 13년조(CE 246년)의 대륙백제의 활동 이야기가 나온다.

"秋八月 魏 幽州刺史 毌丘儉 與 樂浪太守 劉茂 朔方太守 王遵 伐高句麗 王承虛遣左將 眞忠 襲取 樂浪邊民 茂 聞之怒王恐見 侵討還其民口"

가을 팔월에 위나라 유주자사 관구검이 낙랑태수 유무, 삭방태수 왕준과 함께 고구려를 침략하자, 왕은 그 틈을 이용하여 좌장 진충

으로 하여금 낙랑의 변방 주민들을 습격하여 잡아오게 하였다. 유
무가 이 말을 듣고 분개하였다. 왕이 침공을 받을까 걱정하여 잡아
온 사람들을 돌려보냈다.

위(魏)나라는 물론 幽州, 樂浪郡, 朔方郡 모두 중국 대륙의 지명이다.
CE 502년까지 적어도 256년 이상 대륙 백제가 있었다고 볼 수 있다.

『삼국사기』 46권 열전 제6에 나오는 이야기다. 백제가 남으로 오, 월
을 침략했다고 한다.

▷서기 893년: 당 소종 경복 2년에 납정절사 병부시랑 김처회가 바다
에 빠져 죽었으므로 곧 추성군 태수 김준을 고주사로 임명하였다.

－ 이때 최치원은 부성군 태수로 있다가 부름을 받아 하정사가 되
었는데, 당나라에 해마다 흉년이 들고, 이로 인하여 도적이 횡
행하여 길이 막혔기 때문에 목적지에 도착하지는 못하였다. 그
뒤에도 치원은 당에 사신으로 간 일이 있었으나 그 시기는 알
수가 없다. 그가 당에 여러 번 갔기 때문에 그의 문집에는 태사
시중에게 보내는 편지가 있는데 그 편지에는 이렇게 쓰여 있다.
"들건대 동해 밖에 삼국이 있었으니 그 명칭이 마한, 진한, 변
한입니다. 마한은 고구려요, 변한은 백제요, 진한은 신라입니
다. 고구려와 백제의 전성시에는 강한 군사가 1백만 명이나 되어
남으로 오, 월을 침범하고, 북으로 유, 연과 제, 노를 뒤흔들어 중

국의 커다란 고민거리가 되었으며, 수 황제가 세력을 잃은 것도 요동 정벌에 기인한 것입니다. 정관 연간에 우리 당 태종 황제가 직접 6군을 거느리고 바다를 건너 천벌을 집행하니, 고구려가 그 위엄을 두려워하여 화친을 청하므로 문황이 항복을 받고 수레를 돌려 돌아갔습니다."

대륙 백제의 이야기는 흠정 만주원류고에도 나온다.

'백제는 (남쪽으로 신라, 북쪽으로 고구려와 접하고 있으며) 서쪽으로 대해를 한계로 하여, 바다를 건너 월주(越州)에 이르고, 소해의 남쪽에 자리하고 있으며, 남쪽으로 바로 바다를 건너 왜국(倭國)에 이른다.'[6]

『삼국사기』에는 신라, 고구려, 백제 각국의 일식 기록 67개가 나온다. 일식은 각 나라의 수도에서 관찰한 것을 기록한 것이다. 일식기록에 의하면 백제의 수도는 지금의 북경 근처에 있었다.

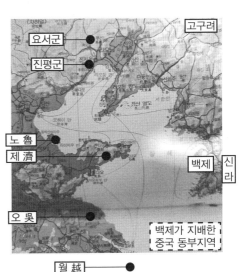

| 백제 땅과 한반도보다 더 큰 **대륙 백제의 땅**
(출처: youtube ⓒ환단고기북콘서트STB)

6 흠정 만주원류고 권3 태평환우기(太平寰宇記)

4

배은망덕한 강도
위만이 세운 정권

위만은 한나라의 제후국이었던 연나라 왕 노관의 부하 장수였다. 노관은 한 고조 유방과 친한 친구였으며 한나라를 세울 때 공이 커서 유방이 연나라를 떼어 주었다. 그러나 유방이 죽고 난 뒤 부인 여태후가 공신들을 숙청하자 노관은 흉노로 망명했고, 위만은 이웃나라 번조선에 1,000명의 군사와 함께 망명을 구하였다(BCE 195). 해모수 단군께서 단군조선을 계승하여 북부여를 건국하고 45년이 지난 때였다. 깊은 와병 중이던 단군께서 이를 탐탁지 않게 여겨 허락하지 않으셨으나, 부단군 번조선 왕 기준이 위만을 불쌍히 여겨 받아주었다. 그에게 상하운장을 떼어 지키게 하고 수비대장으로 임명했다. 단군 해모수는 그해 돌아가셨다. 배은망덕하게도 위만은 1년 뒤 군사를 이끌고 왕검성으로 쳐들어와 준왕을 몰아내고 왕권을 빼앗았다(BCE 194). 배신하여 왕권을 강도질했으나 그의 손자 우거(右渠)가 한 무제에 패할 때(BCE 108)까지 86년 동안 정권을 이어갔다.

당시 조선의 중심은 진한(眞韓)이었다. 위만은 연나라 사람이고 나라를 찬탈한 도적이요, 강도에 불과했다. 망명 올 때 조선 사람처럼 상투를 틀고, 만이(蠻夷)의 복장을 하고 왔다고 해서, 또 국호를 계속 조선으로 했다고 해서 식민학자 이병도는 '위만이 조선 사람이다. 위만조선으로 불러야 한다'는 헛소리를 했다. 망명하기 위해 조선 사람의 흉내를 낸 것일 뿐, 위만이 연나라 사람이라는 자료는 아주 많다. 중국은 이 강도 정권을 위만조선으로 부르고 있다. 이것은 우리 역사에 대한 대단히 큰 모독이다. 도적이나 강도의 역사를 우리 역사의 한 단계로 넣을 수는 결코 없다. 반드시 위만조선이 아니라 위만정권, 또는 위만강도정권이라 불러야 하는 이유다.

더구나 위만은 단군조선의 일부를 차지한 것에 불과했다. 당시 단군조선의 중심인 진한에서 북부여가 발흥되었고, 마한에서는 남삼한의 시대가 시작되고 있었다. 어떻게 이 정권을 위만조선이라 부를 수 있는 것인가! 그렇다면 중국 산동반도 지역을 55년간 통치했던 고구려 유민 이정기의 제나라는 어떻게 부를 것인가?

이 시기를 동북공정(東北工程)에 빠진 중국은 '위만조선'이라 부르며 우리 역사를 크게 왜곡하고 있다. 중국은 만리장성 밖의 홍산 문화 등 요하 문명을 중국의 문명으로 만들기 위해 동북공정이란 것을 만들었다. 만리장성 밖은 중화민족이 아닌 오랑캐들이 사는 곳이라고 만리장성을 만들고 문을 걸어 잠갔던 중국이다. 그러나 그들이 그토록 자랑해온 요하 문명보다도 1000~1500년 이상 더 오래된 문명이 만리장성 밖에서 발견되자, 마음과 생각이 변하기 시작했다.

처음엔 중국의 한 학자가 그건 조이(鳥夷)의 문화라고 바른말을 했지만 그때뿐이었다. 욕심은 만사를 제쳤다. 중국인의 시조 황제(黃帝)가 한

때 그곳에서 활약했다는 이상한 스토리까지 만들었다. 중국이 조상을 모신 삼조당에는 남의 나라 조상까지 모셔놓고 있다. 사마천이 저술한 사기에는 '우리의 조상은 황제 훤원이다.', '黃帝者, 少典之者(황제는 소전 씨의 아들이다)'라 명기되어 있고, 1980년대 초까지 수천 년간 중화민족은 단일시조의 자손이라고 주장해 왔다.

1983년 요하 문명 우하량 유적에서 총묘단이 발굴되자, 중화 문명의 근원을 밝히고자 하는 중국정부의 정책인 탐원공정(探源工程)을 시작했다. 그동안 삼황오제(三皇五帝) 시대를 전설이라고 부정해 오다가 긍정으로 바꾸었다. 탐원공정 후 태호복희, 염제신농 모두 중국의 조상으로 편입시켰다. 태호복희(太昊伏羲, BCE 3528~BCE 3413)는 배달국 5대 태우 환웅 천황의 막내아들로, 5500년 전 태극기의 팔괘를 처음 그린 동이(東夷)의 대 성인이다. 염제신농(炎帝神農, BCE 3218~BCE 3078)은 배달국 8세 환웅 안부련(安夫連) 천황의 신하인 소전(少典)의 아들로, 농경과 의학의 시조로 알려진 동이족 출신이다. 치우천황(蚩尤天皇, BCE 2707~BCE 2598)은 4,700년 전 배달국 14세 자오지 환웅 천황이었다. 청동기와 철기 문명의 시조, 병법의 시조였다. 동양 3국에서 동이족만 쇠로 만든 수저를 사용하는 것이 이와 관련이 있다는 얘기도 있다. 과거 중국의 역사서는 치우천황을 도깨비라는 등 동이족의 성인과 제왕의 인격을 파괴시키기 바빴는데, 이제는 염황지손(炎黃之孫) 즉, 염제신농과 황제 훤원의 자손이라고 하고 있다. 사실은 중국이 시조로 모시는 황제(黃帝)도 소전씨의 아들로, 동이족이라는 얘기가 있다. 중화삼조당에는 세 분을 조상으로 모시고 있는데, 치우천황, 황제 훤원, 그리고 염제신농이다. 심백강 선생은 이를 중화삼조당이라 해서는 안 되고 중국 삼조당으로 해야 앞뒤가 맞는다고 하였다. 치우천황과 염제신농은 중국 화족이 아니고 동이족이기 때문이다. 대만 역사학자 쉬량즈(徐亮之)를 비롯 중국의 대가 허광웨(何光岳), 장푸샹(張富祥) 등은 "중국 문화는 동이(東夷)다. 이것을 잊어서는 안 된다."라고 했다.

최근 중국이 만든 조선의 역사에는 항상 기자조선→위만조선→한사군이 한 묶음이 되어 나오고 있다고 한다. 그리고 그 광역을 모두 지금의 북한 평양으로 설정하고 있으며 지금의 북한 땅이 중국 땅이었다는 해괴한 이야기를 만들고 있다고 한다. 교육은 참으로 무서운 것이다. 잘못된 교육은 더욱 무서운 것이다. 잘못된 교육은 다음 세대에 전쟁을 일어나게 할 수도 있는 것이다. 최근, 중국의 잘못된 교과서 때문에 북한 땅이 원래 중국 땅이라고 생각하는 중국인들이 많아졌다고 한다. 지금의 중국 교과서와 중국이 만든 지도에 그렇게 기술되어 있는 것은 아주 크게 잘못된 일이다.

나의 절친 중에 치과의사가 한 명 있다. 이 친구가 북경을 방문했더니, 중국 사람들이 현재의 북한이 중국 땅이라고 얘기하더라는 것이다. 북한은 우리와 똑같은 언어를 쓰는, 우리 민족이 살고 있는 우리의 영토인데 무슨 엉터리 소리를 하느냐고 해도, 이들은 그곳이 본래 중국의 땅이라고 주장한다는 것이다. 고구려가 중국의 지방정부였고, 중국의 고구려라고 표기된 교과서도 있다는 것이다. 어느 정도 지식인에 속하는 사람이었는데도, 북한은 원래 중국 땅인데 지금은 동맹인 북한한테 잠시 맡겨둔 것이라는 식의 얘기를 하더라는 것이다. 기가 찰 노릇이다. 칭기즈 칸이 중국인이라고 생각하는 중국인도 많이 있다는 것이다.

중국의 교과서도 문제지만, 식민사학에 빠져 있는 우리나라 사학계는 더 큰 문제다. 역사는 갑과 을이 싸우면 각각 다르게 기록하는 것이 상례라 하지만, 반드시 명백한 역사적인 근거에 기반을 두고 싸워야 한다. 최근 중국의 동북공정이 내세우는 주장은 대부분 역사적인 근거가 없는 것이라 해도 과언이 아니다. 일제가 만주 낙랑군의 한사군을 평안도 낙랑국의 한사군으로 둔갑시켰고, 욕심 많은 중국이 이것을 이용하여 만리장성까지 한반도 땅으로 옮겨 놓고 있는 것이다.

한사군의
전모

한사군이란 한나라가 고조선 땅인 지금의 요서 지방을 침략하여 설치했다는 낙랑군 등 4군과 그 소속 현을 말한다. 그러나 이 전쟁을 직접 목격했던 사마천이 남긴 『사기』「조선편」을 찾아보면 의문점이 한둘이 아니다.

당시 번조선 땅, 요서에는 위만정권(BCE 194~BCE 108)이 있었고, 북쪽의 만주 땅에는 해모수의 북부여(BCE 239~BCE 86)가 발흥하고 있었다. 지금의 하북성 창려 지역에 있던 낙랑 왕 최숭은 번조선 왕에 의해 위만이 상하운장으로 임명되어 그 지역을 차지하자, 따르는 백성들을 데리고 아예 바다를 건너와 조선반도의 평양 지역에 낙랑국(BCE 195~CE 37)이란 나라를 건설하였다.

BCE 120년에 북부여의 고우루 4세 단군께서 우거(右渠)를 토벌하려 했으나 이기지 못했다는 기록이 있고, BCE 118년에는 우거의 도적 떼가 대거 침입하여 해성 이북 50리가 약탈당했다는 기록이 있으며, BCE 115년에는 임금께서 친히 정예군사 5천 명을 거느리고 해성을 격파하고 살수(薩水)에 이르렀다고 한다. 구려하(九黎河, 지금의 요하) 동쪽이 전부 항복하였다는 기록이 있는 것을 보면 위만 정권과 진한을 계승한 북부여와의 다툼이 자주 있었음을 알 수 있다.

흉노에 대한 화친 정책은 한나라의 고조에서 무제에 이르는 60여 년간 유지되어왔다. 그러나 한나라 7대 황제, 무제는 북방세력 흉노와의 싸움에 평생 힘을 쏟았고, 무제가 즉위하자 강력한 흉노정벌 정책을 세웠다. BCE 129~BCE 119 사이 10년에 걸쳐 여섯 차례 흉노와의 대결전이 있었다. 그 과정에서 동서 문명을 연결하는 비단길(Silk Road)이 생겨났다고 한다

전쟁으로 인한 엄청난 경제적 부담으로, 이후 20년 동안 한과 흉노와의 사이에는 대규모 충돌이 없었다. 그러다가 BCE 108년 한무제가 흉노와 한나라 사이에 놓인 가시 같은 위만 정권을 침략했다. 범장이 남긴 『북부여기』에는 '고우루 단군 재위 13년 계유(BCE 108)년에 한나라 유철(劉徹, 무제)이 평나(平那, 지금의 하북성 창려)를 침범하여 우거를 멸하더니 그곳에 4군(四郡)을 설치하려고 군대를 크게 일으켜 사방으로 쳐들어왔다. 이에 고두막한이 구국의 의병을 일으켜 이르는 곳마다 한나라 도적을 격파하였다. 이때 '유민이 사방에서 호응하여 전쟁을 지원하니 군세를 크게 떨쳤다'는 기록이 있다. 이 고두막한이 졸본에서 즉위하여 호를 동명(東明)이라 하였는데, 어떤 사람은 이 분을 조선의 마지막 47세 단군인 고열가의 후예라고 했다. 이 고두막한이 북부여 5세 단군으로 즉위한 동명왕이다. 고두막한은 고우루 단군에게 사람을 보내 '나는 천제의 아들이다. 앞으로 이곳에 도읍하고자 하니, 임금은 떠나달라'고 요청했다. 고우루 단군은 근심과 걱정으로 병을 얻어 돌아가셨다. 고우루의 아

우 해부루가 즉위하여 가섭원(迦葉原)으로 수도를 옮겼다. 옮겨간 나라를 가섭원 부여 또는 동부여(東夫餘)라 불렀다.

사마천의 『사기』 「조선편」의 내용이다.

"위만의 왕위가 아들에게 전하고 다시 손자 우거에게 이르자 한나라에서 도망쳐 그에게로 돌아간 사람들이 몹시 많아졌다. 그러나 그는 한 번도 천자를 뵈러 들어오지 않았다. 한나라에서 서기 109년 사신 섭하(涉何)를 보내 타일렀지만 우거가 듣지 않았다. 섭하는 마중 나왔던 비왕(裨王) 장(長)을 죽이고 요동동부도위라는 벼슬을 얻게 되었는데, 우거가 섭하를 공격해 죽였다. 이에 우거를 제거코자 천자는 누선장군(樓船將軍) 양복(楊僕)을 보내 요동반도의 제나라에서 발해로 건너가게 하고 군사 5만 명을 거느리게 했다. 좌 장군 순(荀)이 요동군사를 거느리고 먼저 갔었으나 패하여 흩어졌다. 누선장군은 제나라 군사 7천 명을 거느리고 먼저 왕검으로 갔으나 우거의 군사가 습격하자 군사가 패해 흩어져서 앞으로 더 나가지 못했다. 천자가 다시 위산(衛山)을 시켜 군사의 위엄을 보이고 우거를 타이르게 하자, 우거가 항복하기를 원했다. 우거는 태자를 보내서 말 5천 필과 군사 먹일 양식을 바치고자 군사 만여 명과 함께 병기를 가지고 패수를 건너려고 했다. 사자(使者)와 좌 장군이 이를 보고 항복하려면 병기를 가져오면 안 된다고 하자, 태자는 그냥 되돌아갔다. 천자가 좌 장군과 누선장군을 시켜 다시 공격하게 했으나 여러 달이 지나도록 성을 함락시키지 못했다. 두 장군은 서로를 의심하여 먼저 공격하지 않았다. 천자는 다시 제남태수(濟南太守) 공손수(公孫遂)를 보내 이를 바로 잡도록 했다. 좌 장군은 누선이 변절 가능성이 있다고 했다. 공손수는 누선장군을 체포한 뒤 두 군사를 합해 우거를 공격했다. 우거측의 정승 노인(路人), 한도(韓陶), 니계상(尼谿相) 삼(參), 장군 협이 서로 의논하기를 누선에게 항복하려고 했는데, 이제 두 군사까지 합쳐 공격하니 능히 싸울 수 없겠다고 하여 한도, 협, 노인이 도망을 나와 한나라에 항복했다. 노인은 도중에서 죽었다. 우거는 끝까지 항복하지 않으려 했다. 원봉 3년 여름 니계상 삼(參)이 사람을 시켜 그를 죽이고 항복했다. 그러나 왕검성은 함락되지 않고, 우거의 대신 성기(成己)가 관리들을 못살게 굴었다. 이에 좌 장군이 우거의 아들 장(長)과 항복한 정승 노인의 아들 최(最)를 시켜 성기를 죽였다. 이리하여 위만 정권이 평정되었다. 사 군을 만들고 삼(參)을 봉하여 홰청후(澅淸侯)를 삼고, 도(陶)를 추저후(萩苴侯)를 삼고, 협으로 평주후(平州侯)를 삼고, 장(長)으로 기후(幾侯)를 삼았다. 또 최(最)는 온양후(溫陽侯)를 삼았다. 좌 장군을 불러들여 모든 계획을 잘못한 죄를 물어 기시형(棄市刑)에 처했다. 누선장군은 자기 맘대로 싸워서 많은 사상자를 낸 죄를 물어 마땅히 죽일 것이나 용서해서 서인(庶人)을 만들었다."

사마천은 한 무제가 위만 정권을 평정하고 사 군을 설치했다고 했으나, 사 군의 이름을 적지 않았다. 전쟁 후 좌 장군 순체는 처형되어 길거리에 버려지는 기시형(棄市刑)을 당했고, 수군을 지휘했던 누선장군

양복은 간신히 사형을 면하고 평민이 되었다. 대신 우거를 배신하고 항복한 자들에겐 벼슬이 주어졌다. 이긴 나라가 없는데 한사군이 설치되었다고 하는 것은 큰 모순으로 지적되고 있다.

100년 뒤에 나온 중국 사서의 기록에는 4군인지, 3군인지 아니면 2군인지 일관성이 없다.

『한서』「무제본기」 – 4군

『한서』「지리지」 – 2군(진번, 임둔이 나오지 않는다)

『한서』「오행지」 – 3군

『사기정의』 – 2군

이 기록을 이용하여 일본의 식민학자들은 만주의 한사군이 한반도 북쪽에 있었다는 해괴한 논리를 만들기 시작했다. 이바나 이와기치는 「낙랑군 수성현 및 진 장성 동단에 관한 고찰」에서 '수성(遂城), 진나라의 만리장성의 동쪽 끝은 지금의 조선 황해도 수안(遂安)의 경계에서 시작…'이라고 갖다 붙이고 있다.

> 樂浪遂城縣 有碣石山 長城所起
> 낙랑 수성현에 갈석산이 있는데, 장성의 기점이다.

한국의 식민학자 이병도도 「낙랑군고」에서 똑같은 헛소리를 반복하고 있다.

'수성현(遂城縣)··· 지금 황해도 북단에 있는 수안(遂安)에 비정하고 싶다···'

어떤 역사학자가 뚜렷한 근거를 대지 않고, 자기의 생각대로 비정하고 싶다고 해서 비정해 버린다면 그런 자는 역사학자로서 기본 자격조차 없는 자가 아닌가 하는 생각이 든다. 그런 자가 한국 역사학의 태두라는 칭호를 받았다니.

일본은 평안도에 점제현 신사비를 만들어 세우고 낙랑군을 대동강 평양 지역으로 확정했다. 나중에 학자들이 이것을 파보니 낙랑군이 아닌 낙랑국의 유물이었다.

세키노 다다시(関野貞, 1868~1935)는 일본의 건축사가로 도쿄제국대학 교수였다. 그는 문화재 보존을 위해 노력한 것으로 알려져 있다. 평양에서 낙랑군 유물을 대량으로 발굴했다고 알려진 학자였다. 그러나 그는 조선총독부의 부탁으로 북경의 골동품가인 유리창에서 많은 골동품을 구입했다. 양심가였던지, 불행 중 다행으로 조선총독부 부탁으로 북경에 가서 한(漢)대의 골동품을 구입했다는 일기를 남겼다. 다음은 그가 남긴 일기다.

• 대정 7년(1918) 3월 20일 맑음 북경
  서협씨의 소개로 중산용차(中山龍次, 지나 교통부 고문, 월후 출신)씨를 방문했다. 그의 소개로 우편국장 중림씨를 방문하여 우편국 촉탁인 문학사 흑전간일씨의 동료로부터 유리창의 골동품점을 둘러보고, 조선총독부 박물관을 위하여 한 대의 발굴품을 300여 엔에 구입했다.

• 대정 7년 3월 22일 맑음
오전에 죽촌씨와 유리창에 가서 골동품을 샀다. 유리창의 골동품에는 한대(漢代)의 발굴물이 많아서, 낙랑 출토품은 대체로 모두 갖추어져 있기에 내가 적극적으로 그것들을 수집했다.

6

이정기가 산동 반도에 세운 제(濟)나라

이정기(李正己, 732~781)는 산동 반도 전체를 장악하고 고구려 유민 중심의 치청 제국을 건설하여 고구려의 부활을 도모한 고구려 출신 장군이었다. 중국 측 사서는 이정기를 당나라 근간을 흔든 역도로 보고 있으나, 이정기는 고구려 유민 중심의 제국을 건설하여 당나라에 당당히 맞서려고 하였다. 668년 고구려가 망한 뒤, 당은 고구려가 다시 일어나지 못하도록 수많은 고구려 유민들을 강제 이주시켰다. 보장왕과 함께 끌려온 고구려 유민들은 무려 20여만 명에 달했다. 당시 70여만 호의 주민이 살았다는 기록이 있으니 인구는 약 350만 명 정도였다. 이 20여만 명의 고구려 유민들을 고구려 국경에서 아주 먼 곳으로 이주시키기 위해 두 개의 큰 강을 건너 멀리 남쪽으로 보냈다고 하는데, 이들이 묘족이 되었다는 얘기도 있다. 당나라는 고구려를 멸망시킨 직후 주변 국가들로부터 많은 공격을 받고 있었기에 뜻이 있는 고구려 유민 출신들은 노예 생활을 벗어나기 위해서 군인이 되었다. 그중에는 서역 땅을 크게 개척한 고선지 장군이 있었다. 고선지 장군은 서역에서 아주 큰 공을 세워 서역의 넓은 땅을 차지하게 되었다. 그러나 안녹산의 난이 벌어졌을 때

대한민국! 잃어버린 우리의 역사 문화 그리고 영토를 찾아서

모함을 받아서 억울한 죽음을 맞았다.

반면 안녹산의 난이 일어났을 때 반란을 진압하고 승승장구한 고구려 유민 출신 장군이 있었는데, 바로 26세에 장군이 되고 33세에 병마사가 된 이정기였다. 이정기가 거느린 군인들 1/3 이상은 고구려 유민 출신 유격군이었다. 일인자인 절도사가 이정기를 시기해서 반역죄를 뒤집어씌우고 옥에 가두었다. 그러나 부하들이 쿠데타를 일으키고, 또 부하들에 의해서 절도사로 추대된 이정기였다.

이정기는 요서 영주 출신으로, 안녹산의 난 때 2만의 군사와 함께 요서의 영주에서 산동 반도 등주로 왔다. 구당서에 "이정기는 고구려인으로, 본명은 회옥이고 평노 출신이다(李正己高麗人也 本名懷玉生於平盧)"라고 기록하고 있다. 이정기는 산동 반도에서 세력을 확장하여 치주와 청주를 함락시키고, 15개 주 10만 대군을 거느린 치청 제국을 건설했다. 당시 인구는 540만이었다. 명목상으로는 당나라 신하였지만, 이정기의 번진은 독립적인 군사집단으로 알려졌다.

765년 당조정은 이정기에게 '평로치청절도사'와 '육운해운압신라발해양번사(陸運海運押新羅渤海兩蕃使)'라는 관직을 내렸다. 청주박물관 부관장인 씨아밍차이 씨는 "이정기의 제나라는 형식상 당나라에 속했으나, 실제 조세, 법률 등을 독자적으로 시행하면서 산동성 전체와 하북, 하남, 안휘성을 다스린 독립왕국이었다."라고 설명하고 있다. 지치통감에서도 "스스로 문무백관을 임명하고, 세금을 걷어 조정에 바치지 않았다."라고 기록하고 있다.

당시 산동 반도는 중국 대륙 전체 소금의 50% 생산과 철과 동 생산을 각 10% 차지하던 아주 부유한 지역으로, 신라, 발해와도 무역 전권을 가졌는데, 특히 발해로부터는 뛰어난 명마를 대량 수입하고 있었다. 고구려를 다시 일으켜야 한다고 결심한 이정기는 당나라와 큰 일전을 준비하면서 서기 777년 수도를 청주성에서 운주성으로 옮겼다. 당나라 수도 장안 가까이로 옮긴 것이었다.

당과의 최후 일전을 위해 10만 대군을 집결시킨 후, 781년에는 수로 중심지인 용교를 장악하여 장안과 낙양으로 들어가는 물자교역로를 막아버렸다. 당의 조정은 크게 당황했다. 그러나 갑자기 큰 일이 닥쳤다. 이정기가 악성 종양으로 사망하는 사건이 발생했다. 동년 7월 출전을 바로 앞둔 시점이었다. 이정기가 사망하자, 아들 이납은 아예 출전을 포기했다. 나라 이름을 '제(濟)나라'로 칭하고 1대 왕은 이정기라고 선포했다. 782년이었다. 구당서에는 "스스로 제 나라라 칭하고 백관을 두었다(僞稱濟王建置百官)"라고 기록하고 있다. 제(濟)나라는 2대 이납, 3대 이사고, 4대 이사도까지 총 55년간 존속했다. 오래가지 못하고 819년 당나라에 의해 멸망하고 말았다.

『태백일사』「대진국 본기」에 "대흥 45년(단기 3114, CE 781)에 치청(淄靑) 절도사 이정기가 군사를 일으켜 당나라 군대에 항거하니, 임금(문황제)께서 장수를 보내어 싸움을 돕게 하셨다. 대흥 56년(단기 3125, CE 792)에 납이 죽자 아들 사고(師古)가 그 자리를 계승하였다"는 비교적 상세한 기록이 남아있다. 이정기의 제(濟)나라는 망명했다가 강도로 변해 정권을 찬탈한 위만정권과는 크게 대조되는 사건으로 우리 역사서에 각인되어야 할 것이다.

최리의 낙랑국(樂浪國)
/ 낙랑공주와 호동왕자

『북부여기』 3세 고해사 단군 원년(BCE 169년)에 낙랑 왕 최숭(崔崇)이 북부여(北夫餘) 왕실(海城, 요동반도 북부)에 곡식 300가마를 바친 기록과 BC 195년에 진귀한 보물을 산처럼 가득 싣고 바다를 건너 마한의 땅으로 옮긴 기록이 있다. 이때가 위만의 기준 축출로(BCE 194) 기준이 바다를 건너 마한(馬韓)으로 도망가기 일 년 전이며, 고조선 말기, 북부여 시절이다. 시대상으로 볼 때 북중국 낙랑 지역과 기준의 번조선 지역에 살던 최 씨 일족이 위만의 학정을 피하여 바다 건너 현재의 북한 평양 지역으로 옮겨와서 낙랑국을 건설한 것으로 유추할 수 있다. 때는 위만이 망명하여 번조선왕 기준에 의해 상하군장의 수비대장으로 임명되었을 시기다.

낙랑국이란 낙랑이라는 고향의 이름을 따온 것이며, 그때 마한 지역은 고조선 말기, 고구려의 태동기로서 통치력이 미약하던 시대적 상황이 있었기에 평양 지역에서 낙랑국이라는 최 씨들의 영지(領地)를 갖출 수가 있었던 것으로 보인다. 우리에게 익숙한 '낙랑공주와 호동왕자' 이야기의 낙랑국은 최 씨가 세운 이 낙랑국에서 나온 것이다.

낙랑국은 CE 37년 고구려에 통합되었다. 고구려에 병합될 때까지 적어도 200년 이상 존재한 나라였다. 이웃 중국에는 수나라 29년, 당나라 289년, 송나라 300년, 명나라 292년이었고, 만주족이 세운 청나라가 250년이다. 이에 비하면 낙랑국 200년은 상당히 장수한 국가에 속한다고 할 수 있다.

낙랑국은 어떻게 사라지게 되었는가? 호동왕자와 사랑에 빠진 낙랑공주가 자명고를 찢는 바람에 멸망하게 되었으며, 연인을 잃은 호동왕자는 자결하고 마는 비극의 이야기다. 서양의 로미오와 줄리엣 이야기 못지않다. 이 낙랑국을 북중국의 낙랑군과 일부러 바꿔치기하여 낙랑군이 평양 근처에 있었다고 하는 학자들은 아주 나쁜 사람들이다. 이것을 빌미 삼아 만리장성을 황해도까지 그어놓은 사람들은 학자를 빙자한 악인들이다.

호동왕자는 대무신왕의 서자로, 어렸을 때부터 전투에 나가 많은 공을 세워 왕의 사랑을 받았다. 그러던 어느 날 왕자가 옥저 쪽으로 사냥을 나갔다. 그때, 요란한 행차가 그곳을 지나게 되었다. 그 행차란 다름 아닌 낙랑태수 최리(崔理)의 행차였다. 마침 그때 낙랑 왕의 말이 날뛰는 바람에 좌우의 신하도 어쩔 줄 몰랐다. 말은 흙먼지를 노랗게 일으키면서 날뛰었고, 신하들도 우왕좌왕하는 중에 번개처럼 달려와서 말고삐를 잡아 날뛰는 말을 진정시킨 무사풍의 호걸이 있었으니, 그가 바로 호동왕자였다. 최리와 신하들은 그의 용맹함과 수려한 용모가 마음에 들어 사위로 삼았다. 최리의 초대로 낙랑에 가게 된 호동왕자는 낙랑공주에게 첫눈에 반해 백년가약을 맺게 되었다. 세월이 지나, 호동왕자는 자신의 본국, 고구려로 돌아가고 낙랑공주와 이별하게 된다.

낙랑국에는 적이 오면 스스로 울리는 자명고라는 북이 있었다. 낙랑 정벌을 준비하던 호동왕자는 낙랑공주에게 그 북을 찢어 달라고 부탁했다. 낙랑공주는 죽음을 각오하고 북을 찢었다. 서기 32년 호동왕자가 이끄는 고구려군이 낙랑을 공격했을 때, 공주가 자명고를 찢었다는 사실을 알게 된 낙랑의 왕은 공주를 단칼에 베어버렸다. 그래서 낙랑은 고구려에 의해 멸망했고, 호동왕자는 사랑하는 연인을 잃었다.

왕자의 배다른 어머니, 즉 왕비가 대무신왕에게 큰 업적을 세우고 돌아온 호동왕자를 모함하자, 호동왕자는 "진실을 밝히면 폐하의 마음을 괴롭히게 될 것이다."라며 칼을 물고 자살했다.[7]

---

7 [네이버 지식백과] 호동 왕자와 낙랑 공주, 문화원형백과 '한국인 얼굴 유형', 2004. 문화원형 디지털콘텐츠

낙랑군이 평양이었다는
동북아역사재단

"위만조선은 그 왕성인 왕험성이 현재의 평양시 대동강 북안에 있었는데, 이는 위만조선과 한의 경계 역할을 한 패수(浿水)가 지금의 압록강이라는 점, 위만조선의 도읍 부근에 설치된 낙랑군 조선현의 치소가 지금의 평양시 대동강 남안의 토성동 토성이라는 점, 왕험성 및 조선현과 깊은 관련이 있는 것으로 알려져 있는 열수(洌水)가 지금의 대동강으로 비정되고 있다든지 하는 점을 통해서 입증된다."[8]

한국교원대 송호정 교수는 다음과 같이 말했다.

"평양 부근에 고조선 왕검성이 있었고, 그 뒤에 낙랑군이 설치되었다고 보는 것이 합리적이다. 왕검성은 낙랑군 조선현의 위치가

---

8 동북아역사재단, 고조선 조

평양 지역인 만큼 역시 평양 일대에 있었다고 보는 것이 순리다."[9]

역사는 사료를 갖고 말해야 할 것이다. 뭐가 합리적이냐?

• 중국 고대 역사서의 낙랑군 위치

『漢書』『薛宣 열전』'師古曰':「樂浪屬幽州」
낙랑은 유주(현 북경)에 속해있다.

『後漢書』光武帝紀 '樂浪, 郡, 故朝鮮國也, 在遼東'
낙랑군은 옛 조선국이다. 요동에 있다.

『後漢書』崔駰列傳, '長岑縣, 屬樂浪郡, 其地在遼東'
장잠현은 낙랑군에 속해 있는데 그 땅은 요동에 있다.

9 「고조선의 위치와 중심지 문제에 대한 고찰」, 2010

올바른
한국사의 체계

㉠ 잘못된 한국사 체계

| 단군조선 | 기자조선 | 위만조선 | 한사군 | 연맹왕국 |

㉡ 바른 한국사 체계

| 환국 | 배달 | 단군조선 | (열국시대)
북부여
남삼한
(마한. 진한.
변한) | (사국시대)
고구려
백제
신라
가야연맹 |

　　북한학계는 '평양은 한사군 낙랑군(郡)이 아니라 위만조선 후예국인 낙랑국(樂浪國)이 있었다'고 주장하고 있다. 『평양일대 락랑무덤에 대한 연구』[10]에 나와 있는 리순진의 글이다.

10　사회과학출판사, 1966

"해방 전에 일제 어용사가들은… 우리 민족사의 첫머리인 단군 조선의 력사를 말살하는 한편 평양 일대의 낙랑무덤을 '한나라 낙랑군 시대의 유적'으로 왜곡 날조하면서 그것을 기초자료로 하여 한 나라 낙랑군이 평양 일대에 있었다는 '락랑군 재(在)평양 설'을 조작해 냈다. … 해방 후 우리 고고학자들이 발굴 정리한 랑랑무덤 자료들은 그것이 한(漢)식 유적 유물이 아니라 고조선 문화의 전통을 계승한 락랑국의 유적과 유물이라는 것을 실증해 준다. 락랑국은 고조선의 마지막 왕조였던 만조선이 무너진 후 에 평양 일대의 고조선 유민들이 세운 나라였다."

한 남한 강단사학자의 얘기를 「역사비평」 2016년 안정준의 글에서 볼 수 있다. 북한에서 3,000기의 낙랑군 고분을 발견하고 '낙랑＝평양 설'을 확립했다고 주장하고 있다.

"일제시기에 발굴한 낙랑 지역 고분의 수는 70여 기에 불과한 반 면, 해방 이후 북한에서 발굴한 낙랑 고분의 수는 1990년대 중반 까지 무려 3,000여 기에 달한다. 현재 우리가 아는 낙랑군 관련 유적의 대다수는 일제시기가 아닌 해방 이후에 발굴되었다 해도 과언이 아니다."

리순진과 안정준, 누가 진짜 역사학자인가?

제3장

한반도로 옮겨진 만리장성, 그 시작은 일제 식민사관인가?

중공이 옮겨놓은
만리장성

중국에 있는 각 성 박물관을 방문하면, 입구에 눈에 띄는 큰 지도가 하나 걸려 있다. 중국의 영토 역사를 나타내는 지도다. 그런데 만리장성의 동쪽 끝을 한반도 깊숙이 그려놓았다. 유사 이래 한반도 안에서 만리장성을 구경해 본 사람이 없는데 어떻게 만리장성이 한반도 내륙까지 그

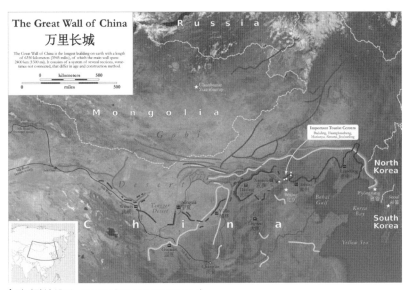

| 만리장성 (출처: wikipedia ©Maximilian Dörrbecker)

려졌는가? 향후 만리장성을 한반도까지 쌓아 보겠다는 심산인가? 남의 나라 내륙까지 존재하지도 않는 만리장성을 그려놓은 이유는 대체 무엇인가?

중국의 공식 국명은 '중화인민공화국(中華人民共和國)'이다. 1949년 10월 1일 중화인민공화국의 탄생과 더불어 사용되기 시작하여 지금에 이르고 있다. 상고시대부터 황하 유역에 도읍을 세운 나라들은 그들이 사는 지역을 '화하(華夏)'·'중하(中夏)'·'중화(中華)'·'중국(中國)'이라는 이름으로 불러왔다. 처음 국명으로 사용하기 시작한 것은 1911년 신해혁명 성공 후 건국된 '중화민국(中華民國)'에서였다. '중(中)'은 사방의 중앙에 위치한다는 뜻이므로, '중화(中華)'는 사방의 중앙에 위치한 문화를 가진 민족을 뜻하고, '중하(中夏)'는 사방의 중앙에 위치한 대국이란 의미를 가지고 있다. 중국인들은 고대로부터 자신들의 주변국들에 대한 문화적 우월성을 자부하면서, 상대적으로 그들의 주변 사방에 있는 나라들을 낮추어 불렀다. 즉, '황하(黃河)' 유역을 중심으로, 그 동쪽에 있는 민족은 '동이(東夷)', 서쪽에 있는 민족은 '서융(西戎)', 남쪽에 있는 민족은 '남만(南蠻)', 북쪽에 있는 민족은 '북적(北狄)'이란 명칭으로, 모두 '오랑캐들'이라 부르면서 스스로를 과시해 왔다. 처음에는 사방의 중앙이라는 것이 황하 유역에 불과하였지만, 유구한 세월에 걸쳐 그들의 국경이 점차 확대됨에 따라 그 의미도 확대되어 갔다. 서길수 교수의 연구 자료에 의하면, 지나 대륙이 변방으로 불린 적도 있었다. 불교가 번성할 당시에는 인도의 중부와 북부지방이 중국이었고 나머지는 모두 변방으로 불렀다고 한다.

중공은 면적이 960만㎢로 러시아, 캐나다 다음으로 세계에서 세 번째로 큰 국가다. 미국이 951.8만㎢라 하니 미국보다 조금 더 크다. 나라의 크기로 보면 큰 대국으로 불리어야 하는데, 중공이 해 온 최근의 행동들을 보면 대국답지 못하다는 얘기가 많다.

2008년 니콜라 사르코지 전 프랑스 대통령이 티베트의 정신적 지도자 달라이 라마를 접견하자, 중공은 프랑스와 진행 중이던 에어버스 항공기 구매 협상을 중단해 버렸다. 영국은 2012년 5월 데이비드 캐머런 총리가 달라이 라마를 국빈 대접했다는 이유만으로 중공으로부터 1년 이상 경제·외교적 보복을 당했다. 캐머런 총리의 중공 방문도 무산되었다. 2010년에는 노벨상 시상국인 노르웨이가 중공의 반체제 인권운동가인 류사오보에게 노벨평화상을 수여하자, 노르웨이산 연어 수입을 제한하였다. 이듬해 중공의 노르웨이산 연어 수입은 70% 급감했다. 2010년 9월에는 중공과 일본이 서로 자기 땅이라고 주장하는 센카쿠열도 부근 해역에서 고기를 잡던 중공 어선 선장을 일본 정부가 구속하자, 중공은 일본으로 희토류 수출을 금지하겠다며 으름장을 놓았다. 2012년 필리핀과는 남중국해 영유권 분쟁이 벌어졌다. 스카보로 섬에서 중공 어선을 단속하는 필리핀 전함과 중공 초계함이 대치했다. 중공은 필리핀에 "분수를 알라"며 거친 발언을 쏟아냈고, 경제 보복을 시작했다. 필리핀산 바나나에서 해충이 발견됐다는 이유를 들며 필리핀 바나나 수입을 금지했다. 필리핀에는 바나나, 일본에는 희토류로 보복에 나섰던 중공은 한국을 상대로는 관광을 무기로 택했다.

사드는 미국 미사일방어(MD) 체계의 핵심 전력 중 하나로 방어용 무기이지 공격용 무기가 아니다. 그러나 중공은 사드가 중공의 미사일 기지들을 탐지할 수 있다는 것을 문제 삼아 한국 연예인의 중공 방송 출연이나 드라마 방영을 금지하는 등, 한국의 문화 산업과 관련한 조치로 시작해 이후 화장품 등 한국산 상품의 통관 불허, 클래식 공연 취소, 중국인의 한국 단체 관광 금지 등 경제의 전반적인 조치로 번졌다. 2018년 7월 14일, 중국 베이징 중심가에 설치된 삼성과 현대차 광고판이 한밤중에 강제 철거되었다. 광고판은 계약 기간이 7년이나 남아 있는데도, 베이징시 측은 경관 개선 사업을 한다면서 군사작전 하듯 일방적으로 철거해 버렸다. 전부 67곳이 철거되었다. 우리나라의 옥외 광고 회사가 베이징시 요청에 따라 2015년 35억 원을 들여 버스정류장과 광고판을 새로 만든 것이었다. 옥외 광고회사는 보상을 요구했지만, 억울하면 소송하라 했다고 한다.

2017년 4월 6~7일 미·중 정상회담 당시 도널드 트럼프 대통령과 시진핑 주석이 한국과 중공의 역사적 관계에 대해 나눈 발언 내용이 뒤늦게 알려지면서 논란이 되고 있다. 시진핑 중공 공산당 주석은 미국의 트럼프 대통령에게 대한민국은 역사적으로 중국의 일부였다고 했다 한다.

미국의 온라인 매체 퀴츠(Quartz)는 19일(현지 시각) '트럼프가 시 주석과 면담 후 월스트리트저널(WSJ)에 말한 발언은 완전히 틀렸고, 남한 사회를 완전히 격분하게 만들 수 있다'고 보도했다. 트럼프가 월스트리트저널에 말한 발언은 지난 12일(현지시각) 월스트리트저널 온라인 유료 기사에 실려 있다. 트럼프 대통령은 이 인터뷰에서 "시 주석으로부터 한국과 중국의 역사에 대한 수업을 받았다"며 "한국은 (역사적으로) 사실상 중국의 일부였다(Korea actually used to be a part of China)"고 말하는 것을 들었다

대한민국! 잃어버린 우리의 역사 문화 그리고 영토를 찾아서

고 했다. 트럼프 대통령은 여기서 한국은 북한이 아닌 한반도 전체를 의미하는 것이라고도 설명했다.

역사적으로 한국이 사실상 중국의 일부였다는 시 주석의 말은 전혀 사실이 아니다. 그런데 왜 미국을 방문해서 당사국이 아닌 한국 얘기를 꺼냈을까? 한반도에 전쟁이라도 나면 북한을 차지하려는 생각을 미리 밝힌 것인가? 중국은 동북공정이란 것을 내세워 고구려가 중국의 지방 정권이었고, 발해로 불린 대진도 중국의 지방 정권이었다는 등 엉터리 역사공정을 해 왔다.

중국이 자랑하는 황하 문명이나 양즈강 문명보다 무려 1500년 이상 오래된 요하 문명이 만리장성 밖에서 발견되자, 요하 문명이 탐나서인지 만리장성까지 위치를 옮겨 놓았다. 일제가 요동에 있었던 한사군을 한반도 평양 인근으로 엉터리 비정해 놓은 것을 이용하여 만리장성의 위치를 한반도까지 뻗어 있다고 표시한 것으로 보인다. 또한 그것이 사실인 양 세계각처에 공개적으로 알리고 있는 것을 보면 참으로 어처구니없다는 생각이 든다.

등샤오핑 최고지도자는 뒤떨어져 있는 중공의 경제를 세계의 공장으로 만들게 한 훌륭한 지도자였다. 시간을 절약하기 위해서 쥐를 잡는 데는 흰 고양이든 검은 고양이든 상관이 없다는 유명한 어록을 남기기도 했다. 그러나 남의 나라 역사를 가로채라는 얘기는 하지 않았다. 그는 한국의 고 박정희 대통령을 존경했고, 포철 같은 훌륭한 제철소를 부러워했다.

일제는 한국을 침략했을 때, 조선 너희들은 예부터 남의 나라 식민지로 시작했다는 가짜 프레임을 만들었다. 완강한 독립운동으로 저항하는 조선 사람들을 억누르기 위한 하나의 수법이었다. 남쪽에는 일본식 민지인 임나일본부가 있었고, 북쪽에는 중국의 식민지인 한사군이 있었다고 역사를 크게 왜곡했다. 사실은 임나일본부란 없었을 뿐만 아니라, 왜 나라에는 백제의 제후국이 세 곳이나 있었다. 현 일본의 천황가도 백제 왕가의 후예들이다. 평양 근처에 있었다는 한사군은 현재의 북경에서 가까운 요동에 있었다.

일제가 한사군을 이북의 평양 근처로 옮겨 놓은 것을 보고, 만리장성을 슬그머니 옮겨다 놓은 것이다. 그러나 장성의 시작점이라고 하는 수성현 갈석산(碣石山)은 옮겨놓을 방법은 없었으니 이런 코미디(Comedy)가 따로 없다. 한사군을 일본이 옮겨놓은 것을 그대로 답습하고 있는 우리 역사학계에 뼈저린 반성과 즉각적인 시정이 필요한 것은 말할 필요조차 없다. 역사 간첩들을 하루빨리 제거해 나가야 한다.

『사기(史記)』 『하본기(夏本紀)』 '태강지리지(太康地理志)'에는 "낙랑 수성현에 갈석산이 있는데, 장성의 시작점이다(樂浪遂城縣, 有碣石山, 長城所起)"라는 기록이 있다. 진시황을 비롯한 아홉 명의 황제가 올라서 구등황제산(九登皇帝山)으로도 불린다. 고조선을 침략하기 전 수양제(隋煬帝)·당태종(唐太宗)이 모두 이 산에 올라 전의를 불태웠다.

207년 위(魏)나라 조조(曹操)는 유성(柳城)을 정벌하고 돌아가는 길에 갈석산에 올라 "동쪽 갈석산에 임해, 푸른 바다를 바라보노라(東臨碣石 以觀滄海)"라는 시를 남겼다. 선비족이 세운 북위(北魏)의 정사인 『북사(北史)』 '고종 문성제(高宗文成帝)' 태안(太安) 4년(458)조는 문성제 탁발준(拓拔濬)이

동쪽으로 순행해 요서(遼西) 황산궁(黃山宮)에서 연회하고 다시 "갈석산에 올라 창해를 바라보고 산 위에서 큰 연회를 베풀었다"는 기록이 있다.

역사적으로 한반도가 중국의 일부였던 때는 단 한 번도 없었다. 반면 중국 대륙의 일부가 고대 한반도 국가들의 영토였던 적은 여러 차례 있었다. 이에 대해 한국 정부는 제대로 대응하지 않았다. 역사학자 심백강 교수는 미사협(미래로 가는 바른 역사 협의회) 명의로 "그런 적이 역사적으로 없었지 않았는가? 그런 경우가 있었다면 설명을 해 달라!"라고 시진핑 주석에게 항의편지를 보냈으나 아직 답장을 받지 못했다고 들었다. '미래로 가는 바른 역사 협의회(상임대표 허성관)'는 시진핑 중국 국가주석의 '한국이 중국의 일부였다'는 발언에 대해 한국 외교부가 명확한 입장을 밝힐 것을 촉구하는 성명서도 발표했다.

| 단군조선의 삼한(번한, 진한, 마한)

| 만주에 대진이 있고, 산동반도는 제나라가 차지

중국인들은 어떻게 살아왔고, 어떻게 배워왔기에 남의 나라 영토를 자기들 영토라 우기는가? 최근에는 자기들이 가장 오래된 문화를 가졌

다고 자랑해 온 황하 문명보다 만리장성 밖에서 일어났던 고대 문화가 더 오래된 것을 알고 그것에 군침을 삼키면서 동북공정이란 것을 하고 있지 않은가? 중국인들은 부끄러운 줄도 모르는가? 중국이 오래된 문명과 찬란한 문화를 가졌다는 것은 세계에 잘 알려진 사실이다. 중국인들의 선조들은 일찍 종이를 만들고, 화약을 만들고, 나침판을 만들고, 비단을 만들었다.

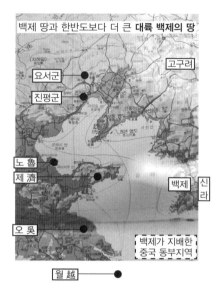

| 중국내 대륙백제가 차지했던 지역 (출처: youtube ⓒ환단고기북콘서트STB)

동양에서 아주 뛰어나고 발달된 문화민족의 하나였다. 그러나 역사적으로 많은 부침이 있었고, 이민족에게 나라 전체를 오랜 기간 빼앗긴 아픔도 있었다. 하, 상, 주 시대와 춘추전국시대를 거쳐 전한이 214년, 후한이 197년, 서진, 동진 및 남조시대를 거쳐 수나라가 29년, 당나라가 289년, 송나라가 300년, 명나라가 292년이었고, 만주족이 세운 청나라가 250년이었다. 당나라 시절에는 돌궐, 위구르, 키르키즈, 거란이 함께 있었고, 송나라 시절에는 거란족의 요나라, 여진족의 금나라가 있었다. 송나라 다음에는 이민족인 몽골이 침입하여 원나라를 세워 136년간 지배했다. 만주족이 세운 청나라는 중국의 국토를 가장 크게 넓혔다. 청이

대한민국! 잃어버린 우리의 역사 문화 그리고 영토를 찾아서

망하자, 몽고와 중화민국으로 나누어지고 중화민국은 다시 중화인민공화국(중공)과 대만으로 나뉘었다. 몽고인이나 만주족은 중국의 한(漢)족이 아니지만 중공 사람들은 징기스칸의 서구 원정도 모두 중국의 역사라고 얘기하고 있다.

1964년 베이징을 방문한 북한 대표단에게 당시 마오쩌둥 수석이 한 얘기가 중국외교부 '외빈 접견 대화 모음'에 기록되어 있다. "원래 당신들 땅은 요하의 동쪽, 요동인데 중국의 과거 봉건주의가 당신들의 선조를 압록강변까지 내몰았죠. 봉건주의는 가혹한 것"이라는 말을 했다.

마오쩌둥은 1958년 김일성을 접견했을 때도 같은 얘기를 했다. 1958년 11월 중국외교부가 펴낸 '마오쩌둥 접견 외빈담화기록 제5권'에 나와 있다. "중국의 선조들이 당신들의 요동 땅을 침략했다. 당신들은 역사에 이걸 써넣어야 한다."라고도 했다. 전 중국 총리 저우언라이는 "역사는 왜곡될 수 없고, 조선이 중국의 속국이라고 하는 말은 터무니없는 말"이라고 했는데 시 주석은 이런 기록은 보지 않은 것일까?[11]

요동 땅, 요동 반도가 조선에서 청나라로 넘어간 것은, 청나라 이홍장이 1875년 요동 땅에 군대를 파견해 중국 땅으로 귀속시켰다는 기록이 남아있다.

---

11 채널A 〈마오쩌둥이 김일성에게 "요동은 원래 조선 땅"〉

중공 요녕성의
철령박물관

중공 요녕성의 철령시 박물관에서는 철령의 유래에 대해 다음과 같이
설명하고 있다.

鐵嶺的由來

明 洪武4年, 明朝 設 遼東衛 指揮使司, 明
軍 部署 軍力 到 當時 尙屬 明朝 疆域的 今
朝鮮 咸鏡南道 与 江原道 交界地區的 鐵
嶺山一帶 設衛, 名 鐵嶺衛, 後 因 后 勤 保
障 等 因素影響, 明政府 遂 將 鐵嶺衛·撤出
朝鮮半島, 洪武 26年 迁 至 故 銀州 境, 設
衛 地名也隨之迁來, 這就是 鐵嶺地名的
由來

중국 톄링(철령) 박물관
에 비치된 설명문 (출처:
baidu)

철령의 유래

명 홍무 4년(1371), 명조(明朝)는 요동위 지휘사사령부를 설치하여,

명군은 군력을 당시 여전히(尚屬) 명조 강역인 지금의 조선 함경남도와 강원도가 맞닿은 지구인 철령산 일대에까지 배치하여 설위(設衛)하고 철령위(鐵嶺衛)라고 이름 붙였다. 그 후 병참 지원의 보장 등 영향으로 인하여, 명 정부는 마침내 조선반도로부터 철령위를 철수하고자 홍무 26년 옛날 운주 지역으로 옮겼다. 철령 지명도 옮겨왔는데 이것이 바로 철령 지명의 유래이다.

이것은 역사적 사실에 전혀 맞지 않는 잘못된 엉터리 설명이다. 하기야 우리나라의 역사박물관을 가보아도 잘못 기술된 설명들이 너무나 많다. 특히 역사적 사실이 아닌 임나일본부 관련 설명이 많다. 전부 일본에서 공짜 교육을 받고 왔거나, 돈을 받은 역사 간첩들에 의해서 만들어진 잘못된 설명들이다. 깨어난 국민운동으로 하루빨리 고쳐 나가야 한다. 유감스러운 점은 중국 같은 곳에는 이웃 나라 역사침탈을 하기 위한 엉터리가 기재되어 있고, 우리나라는 이웃 나라들이 우리 역사를 침탈한 내용을 그대로 기재하고 있는 것이다. 역사를 팔아먹으면, 나라를 팔아먹는다고 했다. 또다시 나라를 잃는 슬픔을 당하지 않기 위해서 우리는 무엇을 해야 하는가?

3

명(明)나라 주원장이
보낸 외교문서

명나라 태조 주원장은 고려에게 철령을 국경으로 하자고 제안했다. 원 (元)에서 명나라로의 전환기에 유민들 이동이 아주 많았기 때문이었다. CE 1388년 4월 명나라 태조 주원장이 보낸 외교문서를 요약하면 다음 과 같다.

ㄱ 철령 이북은 명나라 땅이다.

ㄴ 고려국경은 전부터 압록강을 경계로 해왔다.

「高麗地壤舊鴨綠江爲界」

ㄷ 고려 이전 왕조들이 8차례 정벌 당한 것 열거.

漢-고조선, 魏-고구려, 晉-고구려, 隨-고구려, 唐-고구려,

遼-고려, 金-고려, 元-고려

④ 고려가 철령을 가지고 말이 많으면 탐라까지 빼앗을 수 있다.[12]

---

12 「태조고황제실록」 권190 홍무 21년 4월 18일

대한민국! 잃어버린 우리의 역사 문화 그리고 영토를 찾아서

고려에서는 박의중을 사신으로 보내, 철령과 그 이북의 문주, 고주, 화주, 정주 등은 고려땅이라 주장했다.[13]

중국「명사」에도 같은 기록이 있다.

'고려에서 상주하기를 문주(文州)·고주(高州)·화주(和州)·정주(定州)가 모두 그 나라의 옛 땅이라 하였다(高麗奏遼東文·高·和·定州皆基國舊壤).'[14]

1388년 요동에 설치되었던 철령위는 5년 지속 후 1393년 북서쪽으로 이동해 큰 도시 철령시를 형성했다.[15]

철령위는 홍무 21년 (1388) 3월 옛 철령성에 설치했다. 홍무 26년(1393) 4월 은주(嚚州, 현 철령시) 땅으로 이전했는데 곧 지금

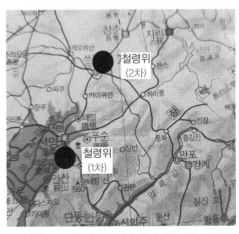

▎철령위. 요양성 북 240리에 있다. 옛날에는 철령성이 지금의 철령위 치소 동남 500리에 있었다. 고려와 경계를 접했다. 홍무21년에 철령위를 그곳에 설치하여 26년에 지금의 치소로 옮겼다. 遼東志(요동지)
(출처: youtube. ⓒ역사이다)

---

13 「고려사 열전」 권제50 1388년 6월

14 「명사」 권136 열전24 이원명

15 「명사」「지리지」

다스리는 치소다. 철령은 서쪽으로 요하(遼河)가 있고, 남쪽으로 범하(汎河)가 있고, 또 남쪽으로 소청하(小淸河)가 있는데 모두 흘러서 요하로 들어간다 … 동남쪽에 봉집현(奉集縣)이 있는데, 옛 철령성 자리이며 고려와 경계를 하고 있다.[16]

일제 초기 쓰다 이케우치 논문에도 철령은 요동에 있는 철령으로 명기되어 있다.[17]

일제강점기 후반, 1938년 조선사편수회가 발간한 「조선사」에서 철령은 압록강 이남이라고 처음 기록했다. 또 1941년 조선사편수회 수사관이었던 스에마츠 야스카즈(末松保和)가 철령은 강원도 철령이라고 주장했다.

"생각하건대 철령은 유일하게 함경·강원 경상(境上)의 그것일 뿐이고, 명(明)이 말한 철령 또한 그것 외에 없다는 것은, 앞에서 인용한 「철령등처방문장괘자(鐵嶺等處榜文張掛咨)」에도 「鐵嶺迤北·迤東·迤西, 三散·哈刺·雙城 等處 大小衛門」 운운이라고 하는 것에 의해 의문의 여지를 없게 한다."

광복 후 이 주장이 비판 없이 그대로 수용되었다. 일제가 엉터리로

---

16 「명사」 「지리지」 요동도지희사사

17 쓰다 소키치(律田左右吉), 1913, 「고려말에 있어서 압록강변의 영토」, 「조선역사지리지」 제2권, 남만주 철도 주식회사

비정하여 주장한 것이 지금도 중·고등학교 교과서에 그대로 표시되어 있는 것이다. 역사적인 사실이 아닌 것을 사실인 양, 특히 우리나라의 자라나는 학생들에게 가르치고 있는 것은 아주 큰 죄악이라고 생각된다. 욕심이 많은 중공이 이것을 이용하여 만리장성을 한국 땅으로 옮겨 놓기도 하고, 한국이 역사적으로 중국의 땅이었다는 둥 말도 안 되는 소리를 하는 것이 아닌가? 하루빨리 시정되어야 할 것이다.

4

역사서에 기록된
고려와 조선의 국경

1960년 이후 『이조조선왕조실록』이 일반인에게 공개되었다. 조선 초기 편찬된 「고려사(高麗史) 지리지(地理志)」에 "고려의 국경은 서쪽으로는 고구려를 넘어서지 못했으나 북쪽으로는 고구려보다 더 넓었다."라고 기록되어 있다. "서북은 당(唐)나라 이래로 압록(鴨綠)을 한계로 삼았고, 동북은 선춘령(先春嶺)을 경계로 삼았다. 무릇 서북은 그 이르는 곳이 고구려에 미치지 못했으나 동북은 그것을 넘어섰다."라고 기록되어 있다. 압록은 요하를 말하고, 선춘령은 두만강 북쪽 700리에 있는 지명이다. 윤한택 교수는 사대주의에 빠진 자들이 고려사를 기술할 때 압록(鴨淥)을 전부 압록(鴨綠)으로 바꾸어 기록했다고 지적했다. 일반에 알려진 고려의 국경경계선이 서북으로는 압록강, 동북으로는 현재 북한의 원산만이라는 점과는 너무나 동떨어진 얘기다.

「선화봉사고려도경(宣和奉使高麗圖經)」은 송(宋)나라 사신 서긍(徐兢)이 인종 원년(1123) 고려를 방문하고 기록한 책이다. 권3 봉경(封境)에 "고려는 남쪽으로는 요해(遼海)로 막히고 서쪽으로는 요수(遼水)에 맞닿고, 북

대한민국! 잃어버린 우리의 역사 문화 그리고 영토를 찾아서

쪽은 거란(契丹)의 옛 땅과 접하고 동쪽은 대금(大金)과 맞닿는다."라고 기록했다.

「금사(金史)」 지리지는 동경로(東京路) 산하 징주(澄州)를 본래 요해주(遼海州)라고 말하고 있다. 요해에 대해서 중국학계는 요동반도 남단의 랴오닝성 하이청(海城)시로 비정한다. 고려 북방 강역의 서남쪽은 지금의 랴오닝성 하이청시이고 서쪽은 랴오수이(遼水)라는 것이다. 요동반도 대부분이 고려 땅이라고 당대의 송나라 학자가 설명하고 있다. 게다가 고려 동쪽은 금(金)나라라고 말했다. 『삼국유사』 권3 흥법(興法)3에 "요수는 일명 압록(鴨綠)이라 하는데 지금은 안민강(安民江)이라 부른다."라는 기록이 있다. 『요사(遼史)』, 『금사(金史)』 등의 책에서도 고려의 국경은 서긍의 기록과 일치하고 있다. 거란사람들은 자기들 거주지에 요탑을 세웠다. 지금도 요하 서쪽에는 요나라 때 세운 요탑이 아주 많이 남아 있으나 요하 동쪽에는 요탑이 하나도 없다.

철령위는 요양성의 북쪽 240리에 있다. 옛날에는 철령성이 지금의 철령위 치소 동남 500리에 있었다. 고려와 경계를 접했다. 홍무 21년에 철령위를 그곳에 설치하여 26년에 지금의 치소로 옮겼다.[18]

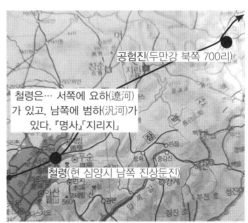

공험진(두만강 북쪽 700리)

철령은… 서쪽에 요하(遼河)가 있고, 남쪽에 범하(汎河)가 있다. 『명사』 「지리지」

철령(현 심양시 남쪽 진상둔진)

▌ 고려사, 조선왕조실록, 명사가 말하는 고려, 조선 국경선
세종 21년: 공조 참판 최치윤을 명나라에 보내 '철령부터 공험진까지는 조선 경계'라고 통보했다. (출처: youtube, ©(사)한가람역사문화연구소)

• 태종이 명나라에 보낸 국서의 국경은 공험진

태종실록 7권, 태종 4년 5월 19일 1404년 명 영락(永樂) 2년 계품사 김첨이 여진 지역을 조선에서 관할하기를 청하는 주본과 지도를 가지고 명에 갔다. 주본(奏本)은 이러하였다.

"조사해 보건대, 본국의 동북 지방(東北地方)은 공험진(公嶮鎭)으로부터 공주(孔州)·길주(吉州)·단주(端州)·영주(英州)·웅주(雄州)·함주(咸州) 등 고을이 모두 본국의 땅에 소속되어 있습니다."[19]

• 세종이 인식한 조선과 명나라 국경
 – 임금이 여러 신하들에게 이르기를,

"고려의 윤관(尹瓘)은 17만 군사를 거느리고 여진(女眞)을 소탕하여 주진(州鎭)을 개척해 두었으므로, 여진이 지금까지 모두 우리나라의 위엄을 칭찬하니, 그 공이 진실로 적지 아니하다. 관이 주(州)를 설치할 적에 길주(吉州)가 있었는데, 지금 길주가 예전 길주와 같은가. 고황제(高皇帝)가 조선 지도(地圖)를 보고 조서(詔書)하기를, '공험진(公險鎭) 이남은 조선의 경계라.'고 하였으니, 경들이 참고하여 아뢰라."[20]

---

18 요동지(遼東志)

19 『조선왕조실록』

20 『세종실록』15년 3월 20일

대한민국! 잃어버린 우리의 역사 문화 그리고 영토를 찾아서

— 세종 84권, 21년 공조 참판 최치운에게 주본을 들려 북경에 가 게 하다.

… 삼가 간추 주문하나이다. 1. … 홍무 21년간에 태조 고황제 의 성지(聖旨)를 받으니. '공험진(公險鎭) 이북은 도로 요동(遼 東)에 부속시키고, 공험진 이남 철령(鐵嶺)까지는 그대로 본국 에 소속하라.'는 사유를 허락하시매, …[21]

21 「조선왕조실록」

5

명대 장성으로 둔갑한
고구려 박작성(泊灼城)

2009년 9월 25일 중국 요령성TV 뉴스가, "만리장성의 동단 기점이 요령성의 압록강가에 있는 호산(虎山)으로 정해졌다. 국가장성학회는 명(明) 장성의 동쪽 기점이 요령성의 호산이고, 서쪽 기점은 감숙성 가욕관으로 결정했다. 장성이 기존 6,300km보다 약 2,551.8km 늘어졌다."라고 발표했다. 명(明) 장성 원래의 동쪽 기점인 산해관의 중국 가이드한테 물어보면 호산이 어디 있는지도 모르고, 장성의 시작점은 여전히 산해관이라고 대답하고 있다.

중국과 한국은 예부터 성을 쌓는 방식이 서로 달랐다. 고구려의 성은 토성, 석성, 토성과 석성을 혼합한 형태가 있는데, 석성이 압도적으로 많았다. 큰 돌을 다듬어 쐐기형 모양으로 만들고 '品' 자 형태로 6개씩 쌓았다. 반대편에도 쐐기돌을 하나씩 맞물리게 하여 아주 튼튼하게 성을 쌓았다. 축대뿐만 아니라 성벽을 쌓을 때도 돌을 사용했다. 중국의 진나라 장성은 흙을 다져 쌓은 토성이다. 흙에 짚을 섞고 물을 부어 다지면서 쌓았다. 명나라 때 와서 벽돌을 사용했는데, 석축을 만들 때는

대한민국! 잃어버린 우리의 역사 문화 그리고 영토를 찾아서

흙을 다져 속을 채우고, 바깥에만 벽돌로 지지대를 쌓았다. 성벽은 벽돌로 쌓았다.

1990년 호산 발굴 시 작성된 보고서에 "호산을 둘러싼 고구려 산성을 명대 장성이 남북으로 관통했는데, 양쪽의 성벽이 '中' 자의 형상"이라고 되어 있다. 고구려성은 호산 전체를 둘러싸고 있었고, 중국이 명대 산성이라고 신축한 성벽 아래에는 고구려의 석축이 깔려 있었다. 직경 4.4 m, 깊이 6m의 돌로 쌓은 고구려의 대형 우물터도 있었다. 인근 호산 박물관에는 한나라 시대의 유물을 전시해 놓았다. 고구려 우물을 중국 것이라 표시해 놓고, 고구려가 다듬은 쐐기돌은 명대 장성 기초석으로 둔갑시켜 전시해 놓고 있다. 안내문에는 호산 박작성이란 이름이 있다.

구당서(舊唐書) 설만철 전에 '압록강을 100여 리 거슬러 올라가 고구려의 박작성에 이르렀다(入鴨綠水百餘里至泊灼城高麗)'는 기록이 있고, 중국 고고학연감 1991.9~12에는 단동 호산의 고구려 유적에서 쐐기돌 석축과 크고 깊은 우물을 발견했다. 쐐기돌을 사용한 석벽과 고구려의 대형 성벽 터가 있다는 기록이 있다. 전 요령성 박물관장 왕명후는 1994년 호산을 방문하고 쓴 고구려고성연구(古句麗古城研究)에서 '호산산성은 압록강과 애하에 접해있다. 고구려의 특징인 쐐기돌 성벽과 6m 깊이의 옛 우물이 있다. 고구려 박작성은 단동의 호산 산성이다.'라고 기록했다.

중국은 이 모든 기록을 무시했다. 92년부터 이곳은 명대 장성의 일부인 호산 장성이라고 큰 현판을 붙여 놓는 걸로도 모자라 이곳이 장성의 시작점이라는 표식까지 붙여 놓고 있다. 근처 주민들은 모든 과정을 기억하고 있었다. 그곳에는 그냥 하나의 산이 있었다. 복원공사를 끝내고 나서 호산 장성이라 부르고 있는 것이라고 얘기했다.

이형구 교수팀(선문대학교)이 복원 전의 사진을 찾아보니, 명대 장성이라 주장하는 남북 석축은 고구려 장성과 똑같은 모양이었다. 그것은 고구려 성의 특징인 치(雉)였다. 장성은 아직 미완성이었다. 장성이라면 연장 공사를 앞둔 신축 장성의 끝 부분 밑에 반드시 석축이 있어야 하는데, 이형구 교수팀이 직접 찾아가 보니 아무런 하부구조가 없는 것이 밝혀졌다. 중국의 현 장성학회 회장인 화하자가 쓴 명장성고실(明長城考實)에도 "압록강과 애하에 접한 호산에는 산 위나 아래 어느 곳에도 장성의 유적은 없다."고 기록하고 있다. 명나라가 쌓은 장성은 몽고족의 재침입을 막기 위한 것이었고 명나라가 그곳에는 장성을 쌓을 필요가 없는 곳이었다.

중국은 참 이상한 나라다. 만리장성을 한반도 평양 근처에 옮겨 놓은 것뿐만 아니라 실제로 옛 고구려 땅 여러 곳에 현대판 장성을 만들고 중국의 옛 장성으로 둔갑시키고 있다. 우리가 하루빨리 옛 고구려 땅을 다시 찾아야겠다는 생각이 든다.[22]

---

22 youtube KBS역사저널 그날 〈KBS 역사스페셜-고구려성, 만리장성으로 둔갑하다〉

대한민국! 잃어버린 우리의 역사 문화 그리고 영토를 찾아서

제4장

일제에 의해
사라지고
왜곡된 조선사

한국의 고문헌, 고사서(古史書)
수거 및 소각

1910년 8월 29일 한국을 강탈한 일제는 먼저 설치하였던 통감부를 '조선총독부'로 바꾸고, 10월 1일부터 관보(官報) 발행을 시작했다. 《제헌국회사》와 문정창(文定昌)의 저서 《군국 일본 조선 강점 36년사》에서는 이 '관보'를 근거로 해서, "일본 군부의 최고 권력자였고, 한국민의 민족운동을 압살했던 초대 총독 데라우치 마사타케(寺內正毅)는 취임 후 바로 1910년 11월부터 전국의 각 도·군 경찰서를 동원하여 1911년 12월 말까지 1년 2개월 동안 제1차 전국 서적 색출에서 '단군조선' 관계 고사서 등 51종 20여만 권의 사서를 수거 불태웠다."라고 밝히고 있다.

일제는 1916년 1월부터 1918년까지 '자료수집' 명목으로 '반도사'의 범위를 넘어선 우리 민족 사서에 대한 수집 작업을 계속했다. 1923년 5월에는 각급 행정·경찰관서의 협조 아래 치밀한 수거 작업을 시행했다. 1926년 12월에는 「사료탐방내규(史料探訪內規)」를 공포하여 각 관서의 강력한 후원을 기반으로 남아있을지 모르는 사료(史料)와 사서(史書)들을 색출 수거하였다. 1937년 말까지 장기간에 걸쳐 전래(傳來)되어 온 고문헌들을 빠짐없이 수거토록 하였다. 1938년 6월 발행한 〈조선사편수회사업개요(朝鮮史編修會事業槪要)〉에서 1923년부터 1937년까지 15년 동안 차입한 사료가 무려 4,950종이라고 밝히고 있다. 1910년 11월부터 1년 2개월 동안 수거된 서적이 51종에 20여만 권이고, 그 뒤 15년 동안 차입한 사료가 4천9백50종이라면 도대체 얼마나 많은 우리 서적을 압수하고 불태웠는지 알 길이 없다.

"조선인들은 유구한 역사적 자부심과 문화에 대한 긍지가 높아 통치하기가 어려웠다. 조선인을 뿌리 없는 민족으로 교육하여 그들의 민족을 부끄럽게 하라. 문화 역시 일본의 아류임을 강조하여 교육해야 한다. 그렇게 될 때 그들이 자신들의 정체성을 잃고 스스로 대일본제국의 신민으로 거듭나고 싶어 할 것이다. 창씨 개명을 통하여 먼저 조상 단군을 부정하게 하라. 그것이 식민지 국민을 식민지 국민답게 만드는 가장 좋은 방법이다."[23]

일제는 한국사 관련 사료 등을 수집할 때 한반도뿐만 아니라 일본, 중국, 만주 및 대마도에 있는 것도 수집하였다. 일본의 사학자이면서 평론가인 하라타 사카에루(原田榮)는 저서 『역사와 현대』(1981년 4월 25일)에서 "1923년 7월 조선총독부 조선사편찬위원회 구로이다 가쓰미(黑板勝美) 고문이 대마도에 사료 탐방을 하였을 때 한국과 관계가 있는 문서, 고기록 등이 다수 대주구 번주(藩主, 영주) 종백작가(宗伯爵家)에 있는 것을 알고, 고문서류 6만 6천 469매, 고 기록 류 3천 576책, 고지도 34매 등을

---

23 초대 조선총독 테라우치 마사다케 「조선식민통치사」 중에서

대한민국! 잃어버린 우리의 역사 문화 그리고 영토를 찾아서

은폐 또는 분서(焚書)했다."라고 밝히고 있다. 이러한 일제의 우리 고사서 인멸은 한국사를 왜곡하고 말살시키기 위한 전초 작업에 불과했다.

조선총독부 취조국은 한국사를 왜곡 편찬하는 데 필요한 일부 자료, 즉 『삼국사기』와 『삼국유사』 등만 남기고 전부 불태웠다. 무단정치로 악명높았던 초대 총독은 1915년 취조국이 관장하던 업무를 중추원으로 이관하고, 〈조선반도사〉 편찬을 담당시켰다. 이완용과 권중현 등 부일 역적들을 고문으로 앉힌 조선총독부 중추원은 1916년 1월 중추원 참의와 부참의 15명에게 편사 업무를 맡기고, 일본 동경제국대학 구로이다 가쓰미(黑板勝美) 박사와 일본 경도제국대학 미우라(三浦周行) 교수, 경도제대 이마니 시류(今西龍) 등 3인에게 지도, 감독을 의뢰하였다.

"… 새로운 사서(즉 왜곡된 역사서)를 읽히는 것이 조선인에 대한 동화(同化)의 목적을 달성하는 첩경이며, 또한 그 효과도 현저할 것이다. … 이것이 조선반도사 편찬이 필요한 이유요, 또한 편찬 사업의 근본정신이다."

〈조선사편수회사업개요〉의 일부 내용이 한국 사료의 대량 분서와 한국사의 왜곡 편찬 배경을 입증해 주고 있다.

"먼저 조선 사람들의 자신의 일, 역사, 전통을 알지 못하게 만들어서 민족혼, 민족문화를 상실하게 하고 그들의 선조와 선인들의 무위(無爲), 무능과 악행을 들추어내 그것을 과장하여 조선인 후손들에게 가르침으로써 조선인 청소년들이 그 부조(父祖)들을 경시하고, 멸시하는 감정을 일으키게 하여 그것을 하나의 기풍으로 만들고, 그 결과 조선인 청소년들이 자국의 모든 인물과 사적(史蹟)에 관하여 부정적인 지식을 얻어 반드시 실망과 허무감에 빠지게 될 것이니 그때 일본 사적, 일본 인물, 일본 문화를 소개하면 그 동화의 효과가 지대할 것이다."

1922년 제3대 총독 사이토 마코트가 한국 사람을 반일본인으로 만드는 교육시책으로 조선사편수사업을 지휘하며 뱉은 말이다.

1920년대 일제의 정책은 수탈에만 그치는 것이 아니라, 본격적으로 우리 민족을 분열시키고, 역사를 단절시키는 수준으로 나아갔다. 한국인의 독립의식을 희석시킬 고차원의 식민지 문화 정책의 일환으로 역사 왜곡을 자행했다. 무력으로 한국을 병탄한 일제는 군사적, 경제적인 측면만이 아니라 역사적, 문화적 측면에 있어 일본이 한반도 지역보다 우위에 있었음을 조작, 교육하는 일이 절실하게 필요했다. 그 시책의 하나로서 1922년 12월 훈령 제64호 '조선사편찬위원회규정'을 제정, 공포하여 새롭게 '조선사편찬위원회'를 설치하고, 총독부 정무총감을 위원장으로 15명의 위원회를 조직하였다.

그러나 조선사 편찬사업이 한국인 학자들의 외면으로 순조롭게 진행되지 않자, 총독 사이토 마코트는 조선사편찬위원회를 조선사편수회로 명칭을 바꾸고 일황(日皇) 칙령으로 격을 높였다. 1925년 6월 일황 칙령 제218호로 '조선사편수와 관제'를 제정·공포하고, 총독이 직할하는 독립관청으로 승격시켰다. 1910년 11월부터 1937년까지 무려 27년간의 사료수집 기간을 제외하고 35권의 〈조선사〉 편찬 기간만 1922년 조선사 편찬위원회 설치 때부터 1938년 3월 완료되기까지 만 16년이 걸렸다.

1916년 1월 '조선반도사 편찬위원회' 때는 새로 편찬할 한국사의 시대구분을 '상고, 삼한(上古·三韓)', 즉 '단군조선'을 집어넣기로 결의했으나, 7년 후인 1923년 1월 8일 '조선사편찬위원회' 제1차 위원회에서는 '상고, 삼한'을 단순히 '삼국이전'이라는 한편으로 축소시켜 놓고, 1925년 10월 8일 '조선사편수회' 제1차 위원회에서는 '삼국이전'과 '삼국시대'를 줄여 '신라통일이전'이라는 한 편으로 만들었다. 이처럼 일제는 '단군조선' 등을 없애려고 편찬기구의 개편 때마다 상한선을 아래로 끌어내렸다.

일제는 〈조선사〉가 공명정대한 학술적 사서(史書)라는 것을 강조했는데, 이것을 가시적으로 보장해 주는 편찬체제가 바로 편년체였다. 당시 사학계를 풍미했던 실증사학을 모방해 주는 듯이 간주 되었던 것이 편년체였는데, 근본적인 목적은 연도가 정확하지 않다는 이유로 '단군조선'을 사서에서 제외시켜 버리려는 데 있었다. 또한 이 연장선에서 단군조선을 계승한 북부여 등 열국 시대를 말살시키려 했던 데도 그 목적을 두었다.

일제는 〈조선사〉 편찬 작업을 통해 취사 선택하여 남긴, 즉 단군조선을 제대로 언급하지 않은 『삼국사기』를 『한국상고사입문』의 기본 사료로 못 박아 단군조선을 말살, 한국사를 축소시키는 데 성공하였고, 단군신화를 불교 신화로 각색한 『삼국유사』의 기록은 사설(史設)로 규제해 버림으로써 단군조선을 왜곡 처리하는 데 성공하였다.

우리 역사가 왜곡, 말살된 이유는 많은 전란을 겪으면서 사료들이 소실됐고, 새 왕조가 역사에 등장할 때마다 전 왕조의 업적을 파괴하고 강등시킨 행위 등이 있었기 때문이다. 특히 이조 시대에는 중국 명나라를 섬기는 사대 사관이 만든 역사 왜곡이 아주 심했다.

태종은 중국의 비위를 맞추기 위해 유학 서적이 아닌 모든 서적을 불태웠고, 세조 3년(1457년) 5월 26일, 예종 1년 9월 18일, 성종 원년 12월 9일에 각각 고사서들의 수거령을 내렸는데 『환단고기』에 나오는 책들이 다 포함되어 있다. '고조선 비사, 대변설, 조대기, 지공기, 삼성밀기, 표훈천사, 삼성비기, 안함로, 원동중의 삼성기, 도증기, 동천록, 지화록' 등의 고대 사서들을 나라에 바치면 상을 주고 감추면 참형에 처한다는 강력한 교서를 내리고 수거하여 불태웠다.

『고려사』는 조선 제5대 임금인 문종 때 만든 고려 시대 역사책이다. 『고려사』에 나오는 압록강(鴨淥江=서압록=요하)을 전부 압록강(鴨綠江=동압록)으로 바꿔서 적었다고 인하대학교 윤한택 교수가 지적하고 있다. 당시 중국의 압력이 얼마나 강했는가를 알 수 있고 동시에 왕위를 지키기 위해 중국에 아부하며 민족의 역사를 말살한 이조시대의 참상을 알 수 있다.

중국이 고조선, 조선 등을 깔보고 만든 역사 왜곡도 빠질 수 없다. 갑과 을이 전쟁하고 난 후, 전쟁사를 기록하는 역사는 서로 상충되는 경우가 대부분이다. 중국 사마천이 쓴 『史記』에는 "치우를 사로 잡아 죽였다(擒殺蚩尤, 금살치우)"라고 나오지만, 우리의 『태백일사』「神市本紀」에서는 "그 싸움에서 우리 장수 치우비(蚩尤飛)라는 자가 급히 공을 세우려다가 불행히도 전쟁터에서 죽었다. (치우)천황께서 진노하여 군사를 일으키고, 새로 비석박격기(飛石迫擊機)를 만들어 진을 치고 나란히 진격하시니, 적진이 마침내 대항하지 못했다."라고 기록했다.

또한 『三聖紀全 上篇』에서는 "삭도(索度)에서 군사를 진격시켜 회수와 태산 사이의 땅을 점령하시고 헌후(軒侯, 후대에 황제(黃帝)로 추존되었음)가 왕위에 오르자 (치우천황께서) 바로 탁록(涿鹿)의 광야로 진격하여 헌원을 사로잡아 신하로 삼으셨다."라는 기록이 있다. 이렇게 중국이 왜곡한 역사, 우리의 사대 사관이 낳은 역사 왜곡 등이 많이 있지만, 일제가 우리를 침략하여 우리 민족의 모든 것을 말살하고 영원히 일본의 식민지로 만들려고 작정한 식민사관에 의한 역사 왜곡이 우리 역사가 크게 왜곡된 가장 근본적인 이유이다.

2

환국(桓國)을 환인(桓因)으로 변조해서 우리 역사에서 4876년(환국 3301년, 배달 1565년)을 없앴다

한국의 외교권을 박탈하기 위해 강제로 체결한 을사늑약(乙巳勒約, 1905. 11. 17.) 이후 조선에 초대통감으로 부임한 이등박문(伊藤博文, 이토 히로부미 1841~1909)은 "조선을 영구 지배하려면 조선 역사 뿌리를 제거해야 한다."라고 일갈했다. 그는 하얼빈에서 안중근 의사에 의해 사살되었지만, 이들은 조선총독부 내에 조선사 편찬과를 조직하고 다시 조선사편수회로 개편, 우리 민족의 역사를 왜곡 날조하기 시작했다.

1925년부터 1932년까지 조선총독부 조선사편수회 회원이었던 이마니 시류(今西龍)는 『삼국유사(三國遺事)』에 있는 "옛 기록에 의하면 옛날에 환국(桓國)이라는 나라가 있었다(古記云 昔有桓國)"를 "옛 기록에 의하면

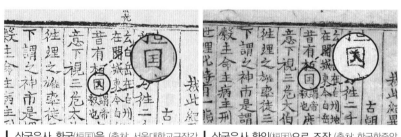

❙ 삼국유사 환국(桓国)을 (출처: 서울대학교규장각 본) ❙ 삼국유사 환인(桓因)으로 조작 (출처: 한국학중앙 연구원장서각)

대한민국! 잃어버린 우리의 역사 문화 그리고 영토를 찾아서

옛날에 환인(桓因)이라는 사람이 있었다(古記云 昔有桓因)"로 桓國을 桓因으로 변조함으로써 우리의 긴 역사에서 환국 3301년, 배달 1565년의 역사를 없애버렸다.

이 하나의 변조로 한민족의 5천 년 상고사를 한꺼번에 송두리째 뽑아버렸다. 조선이 가진 인류의 시원 역사가 한순간에 사라지고 만 것이다. 이 이마니 시류는 일본 천황가의 발생 시기가 3세기 말에서 5세기 말이라는 것을 익히 알고 있는 자였다. 일본 큐슈 남부 미야자키현에는 대단지의 고분군이 있다. 사이토바루 고분군이라 불리는 곳인데, 입구에 '일본 황조 발상지의 땅'이라는 팻말을 달아 놓았다.

1912년 도쿄대, 교토대, 일본 왕실소속의 국내성 3기관이 합동으로 이곳 사이토바루 고분군을 발굴한 뒤 이곳이 일본 황조의 발상지라고 명명했다. 수백 개의 고분들로 이루어진 대단지의 고분군으로, 축조시기가 3세기 말에서 6세기 사이로 밝혀지고 있다. 발굴자 명단에 이마니 시류의 이름도 있었다고 이곳을 방문했던 이덕일 교수가 밝혔다. 이마니 시류가 한국에 와서는 '일본 천황가가 서기전 660년 2월 10일에 시작되었다'고 떠벌리고 다녔다. 일본의 역사를 무려 1000년이나, 아무런 근거도 없이 끌어 올린 것이다.

또한 일본서기의 기록이 진짜이고 『삼국사기』의 초기 기록이 가짜라고 『삼국사기』 초기 불신론을 만든 자도 이 자이다. 1904년 도쿄제국대가 『삼국유사』를 다시 발간했다. 『삼국유사』의 원본이 많이 낡아 『삼국유사』 원본을 놓고 도쿄제국대가 다시 인쇄한 책이다. 이곳에는 석유환인(昔有桓因)이 아닌 석유환국(昔有桓國)이라고 또렷이 인쇄되어 있다. 이마니 시류가 변조하기 전의『삼국유사』원본을 구해서 재인쇄한 것이었다. 성삼제씨가 발견하고 그의 저서『고조선 사라진 역사』를 통해 이 사실을 우리에게 알려주고 있다. 성삼제씨는 당시 문교부 공무원이었다고 한다.

환국과 배달은
어떤 나라인가?

3

① '환국(桓國)'은 인류의 시원 문명(始原文明)이다

지금부터 9천2백여 년 전의 동북아에는 통치자가 덕으로 나라를 다스리는 문명집단이 있었다. 『환단고기』는 그 집단을 환족(桓族)이 세운 환국(桓國)이라 전한다. 환족은 5만 년 전 화생한 인류의 어버이 나반과 아만의 후손으로, 중앙아시아 천산(天山)을 중심으로 인류 최초의 국가인 환국을 세웠다. 환국의 강역은 중앙아시아에서 시베리아, 만주에 이를 만큼 아주 방대했다. 환족은 아홉 족속으로 나뉘었고, 아홉 족속이 모두 열두 나라를 이루고 살았다. 환국 시대는 무병장수를 누리던 황금시대였다. 행복과 평화 속에 살면서 초자연적인 힘을 쓰던 황금시대로, 인간들은 별 어려움 없이 신과 소통할 수 있었고, 죽음을 모르고 질병과 고통이 없는 자유로운 경지에서 살았다. 환국의 초대 통치자는 안파견(安巴堅) 환인 천제였다. 안파견 환인 이후 환국은 7세 환인 천제까지 계승되었고 총 3301년(BCE 7197~BCE 3897) 동안 존속하였다.

열두 나라의 이름은 비리국(卑離國), 양운국(養雲國), 구막한국(寇莫汗

國), 구다천국(句茶川國), 일군국(一羣國), 우루국(虞婁國), 객현한국(客賢汗國), 구모액국(勾牟額國), 매구여국(賣勾餘國), 사납아국(斯納阿國), 선패국(鮮稗國), 수밀이국(須密爾國)이다.

BCE 5000년경 유프라테스 강과 티그리스 강 사이의 메소포타미아 지방에 고도로 발전된 문명이 태동하였다. 메소포타미아 문명의 밑거름이 된 수메르 문명이다. 수메르 문명은 그리스·로마 문명의 근원이 되었다. 수메르 점토판의 기록에 따르면 수메르인은 '안샨(Anshan)'에서 넘어왔다고 한다. 수메르 말로 '안(An)'은 하늘, '샨(Shan)'은 산이다. 안샨은 천산(天山)과 동일한 말이다. 또 환국의 환족은 베링 해협을 건너 남북 아메리카 대륙으로도 이주하였다. 아메리카 대륙의 아즈텍 문명, 잉카 문명 등을 개척하였으며, 남쪽으로는 인더스 문명에까지 그 영향을 미쳤다.[24]

② 동북아에 세운 한민족 최초 국가, '배달(倍達)'

환국 시대 말, 인구 증가와 물자 부족 등으로 생활이 어려워지자 서자부(庶子部) 부족의 환웅이 새로운 터전을 개척하기를 갈망하였다. 이에 환국의 마지막 임금 지위리(智爲利) 환인께서 환웅을 동방 개척의 선봉장으로 세우셨다. 백두산을 향해 떠나는 거발환 환웅에게 종통과 국통 계승의 상징으로 천부(天符)와 인(印)을 내려 주고, 문명개척단 3천 명을 붙여 주셨다.

---

24 안경전 역주 「환단고기」(상생출판), 76쪽

대한민국! 잃어버린 우리의 역사 문화 그리고 영토를 찾아서

백두산에 도착한 환웅은 신시(神市)에 도읍을 정하여 나라 이름을 배달(倍達)이라 하고, 삼신 상제님께 천제(天祭)를 올려 나라 세움을 고하였다. 거발환(居發桓) 환웅께서 동북아 한민족사의 최초 국가인 배달의 역사를 여신 것이다. 배달은 밝음을 뜻하는 '배(밝)'와 땅을 뜻하는 '달'을 합친 말로서 '광명의 동방 땅'을 뜻한다. 우리 민족을 '배달겨레'라 하는 것은, 한민족사의 첫 번째 나라인 배달에서 연유된 것이다. 백두산의 신시에서 출발한 배달국은 점차 동북아의 대국으로 성장하였다. 특히 성황 세 분이 지대한 공덕을 남겼다. 그들은 태호복희 씨, 염제신농 씨, 그리고 치우천황이다.

『환단고기』가 전하는 배달의 역사는 중국 역사서에 '동이(東夷)'의 역사로 기록되어 전한다. 『후한서』에서 "동방을 이(夷)라고 하는데, 이(夷)란 것은 저(柢)이다"라고 하였다. 이에 따르면, '동이'는 '동방의 뿌리'라는 숭고한 의미가 담긴 말임을 알 수 있다. 역사적으로 볼 때, 중국인들이 동방민족을 '동이'라 부른 것은 치우천황이 큰 활을 만들어 쓴 이후부터이다. '큰 활[大弓]'의 위엄을 두려워한 한족이 배달민족을 가리켜 '큰 활을 잘 쏘는 동방 사람'이라 부른 것이다. 그러니 엄밀히 말하면 '동이'는 '배달 동이'로 불러야 옳다.

대만과 중국 학자들도 중국 역사의 주류는 한족(漢族)이 아니라 동이라는 공통된 의견을 내놓았다. 한족의 시조로 알려진 황제 헌원을 비롯하여 오제(五帝)로 꼽히는 소호, 전욱, 제곡, 요, 순과 그 뒤를 이은 하상주 3왕조인 개국조의 하나인 우(禹), 상나라 탕(湯), 주나라의 문왕과 무왕까지 모두 동이족 혈통이다. 특히 상나라는 동이족이 세운 나라로 제도와 풍습이 당시 그들의 상국(上國)이던 고조선의 것과 아주 유사하다. 주나라 초기에 염제신농의 후손인 강태공이 봉해진 곳의 제나라도 동이족의 나라이다. 제에 이웃한 노나라 역시 동이족의 나라이다. 춘추 시대를 주도한 다섯 나라에 속했고 오월동주(吳越同舟)로 유명한 오나라와 월나라, 전국칠웅의 하나이자 노자가 태어난 초나라 등은 모두 동이족이 세웠다. 중국을 최초로 통일한 진왕(秦王) 정(政, 진시황)의 선조도 동이족 출신이다. 한마디로, 중국 고대사는 바로 배달·조선 민족이 중국 현지에서 나라를 창업한 역사라 할 수 있다.

동이족은 배달 시대 이래 신교 삼신 문화와 여러 가지 문물을 중국에 전수하였다. 태호복희 씨는 간단한 부호로 음(-)과 양(+)을 표현하여 팔괘를 그리고, 팔괘로써 우주 변화의 이치를 밝혔다. 복희의 사상은 동이족의 이동과 더불어 중국 전역으로 전파되었다. 중국 학자 리바이펑(李白鳳)은 "동이는 원래 황하 하류에서 살았고 문화가 배우 발달하였으며, 도자기와 문자를 처음으로 만들었을 것"이라고 하였다. 그리고 "고대에는 '철(鐵)' 자를 '철(銕)'이라 썼는데, 동이가 가장 먼저 철을 사용하였기에 '이(夷)' 자를 넣었고, 은나라 복사(卜辭)의 서법(書法)도 동이의 서법을 계승하였다."라고 하였다. 도자기, 문자, 서법 같은 문화도 동이족이 중국에 전수한 것이다. 이 외에도 역법(曆法), 갑골문자, 천자(天子) 제도, 조세 제도, 윤리 규범 등 다양한 문물제도가 동이에서 출원하여 그대로 전수되었고, 그것이 황하 문명의 근간이 되었다. [25]

---

25 중국 학자 리바이펑(李白鳳) 『동이잡고(東夷雜考)』, 안경전 역주 『환단고기』(상생출판), 93쪽

동이가 동쪽의 오랑캐로 폄하된 것은 화하족과 동이족 사이의 정치적 대결 이후이다. 약 4700년 전의 탁록대전으로 두 부족의 대결이 시작되었다. 탁록대전은 당시 동북아의 종주국이었던 배달의 치우천황에 대항하여 서방 화하족의 헌원이 일으킨 싸움이다. 10년간 73회의 공방전 끝에 패한 하화족은 그 후 2,300여 년 동안 황하 중상류에 머물러 있을 수밖에 없었다. 그러다가 진시황 때에 이르러 힘을 길러 중원 전체를 그들의 터전으로 만들면서, 동이족을 중국 변방으로 밀어내었다. 이때 일부 동이족은 화하족으로 동화되기도 하였다. 화하족이 중국 역사의 주도 세력이 되면서 동이는 오랑캐라는 말의 동의어가 되었다.

전 중국에 걸쳐 골고루 분포되어 살던 동이족을, 화하족은 서로 다른 사방의 오랑캐족으로 나누어 불렀다. 그것이 바로 '동이(東夷), 서융(西戎), 남만(南蠻), 북적(北狄)이다. 동이족은 배달과 고조선 시대에 중국 각지에서 부족별로 문화권을 형성하였다. 그리하여 견이(畎夷), 우이(嵎夷), 방이(方夷), 황이(黃夷), 백이(白夷), 적이(赤夷), 현이(玄夷), 풍이(風夷), 양이(陽夷) 등으로 세분되었다. 이 9족 외에도 인이(人夷), 조이(鳥夷), 엄이(掩耳), 남이(藍夷), 회이(淮夷), 욱이(郁夷), 서이(徐夷) 등으로 분화되었다. 배달은 환웅께서 천하를 안정시키고 정하신 나라의 이름이다. 수도는 신시(神市)요, 후에 청구국(靑邱國)으로 옮겼다. 환웅 천황의 배달 시대는 18세를 전하였으며 1,565년을 누렸다.[26]

---

26 안경전 역주 『환단고기』(상생출판), 89~95쪽

4

단군조선을 말살, 단군 탄생을 신화화함으로써 모두 2277년(고조선 2096년, 북부여 181년)의 역사를 없애버렸다 총 7143년의 우리 역사가 사라진 것이다

일제의 우리 고사서 인멸은 단군조선 등 한국사를 왜곡하고 말살하기 위한 전초작업이었다. 한국사를 왜곡 편찬하는 데 필요한 일부 서적만 남기고 모두 불태우거나 일본으로 가져갔다. 단군조선을 제대로 언급하지 않은 『삼국사기』를 『한국상고사입문』의 기본 사료로 못박아 단군조선을 말살, '한국사'를 2천 년 역사로 축소 시켰고, 단군조선을 불교 신화로 각색한 『삼국유사』의 기록은 사설(史設)로 규제해 버림으로써 단군조선을 '신화'로 왜곡 처리하였다.

1922년 12월 '조선사편찬위원회'를 설치하고, 15명의 위원회를 조직하였다. 그러나 한국인 학자들의 외면으로 순조롭게 진행되지 않자 조선총독부 총독인 사이토 마코토(齋藤實)는 '조선사편찬위원회'를 확대·개편하고 명칭을 '조선사편수회'로 바꾸었다. 이마니 시류(今西龍)는 〈조선사〉 편찬의 주역으로 '단군조선' 등 한국사 왜곡 업무에 조선사 편찬 초기부터 16년 2개월 동안 앞장서 관여해 왔는데, 1921년 〈단군고(檀君考)〉라는 '단군신화설'을 만들어 그의 모교인 경도제국대학에 〈조선고사의

연구(朝鮮古史の研究)〉라는 논문을 제출해 박사 학위를 받기도 했다.

이들은 단군조선의 역사를 부정했다. '곰이 사람을 낳는 것은 절대 있을 수 없는 일이다. 어떻게 짐승에게서 사람이 나올 수 있느냐? 그것은 신화의 얘기일 뿐이지, 실제 있었던 사실이 아니다'라며 단군의 역사 자체를 부정하고, 단군 탄생을 신화로 만들었다.

실제로는 곰을 수호신으로 여기는 웅족과 호랑이를 수호신으로 여기는 호족이 살고 있었고, 그들은 카발한 환웅 천황을 찾아가서 삼칠(3·7)일, 즉 21일 동안 집중수행을 하였다. 호족들은 집중수행을 하던 도중 탈락했고, 성질이 비교적 온순한 웅족들은 끝까지 수행을 완수하였다.

환웅 천황께서 수행을 마친 웅족의 한 여인과 혼인하여 단군을 낳은 것이고, 단군이 고조선을 건국하게 된 것이다. 단군 태생을 신화였다고 속이니 간혹 단군이 한 분만 계셨던 것으로 생각하는 사람들이 있다. 단군(壇君)은 단군왕검(壇君王儉) 또는 단웅천왕(檀雄天王)으로 불리며 천제(天帝)인 환인(桓因)의 손자이자, 환웅(桓雄)의 아들로 BCE 2333년 아사달(阿斯達)에 도읍을 정하고 단군조선을 개국하였다. 93년간 재위한 국조 단군왕검은 2세 단군 부루로 이어지고 47세 단군 고열가까지 이어졌다. 고조선에는 모두 47분의 단군이 계셨다. 단군은 지도자, 왕의 호칭이었다.

바이칼호수 근처에는 지금도 한국인과 닮았고 한국인과 가장 가까운 DNA를 가진 부리아트족, 에벵키족 등의 부족들이 살고 있다. 호수 주변의 북방민족 분포도를 보면 그들 외에도 축치족, 코략족, 이텔멘족, 토팔라야족, 투바족 등 약 200여 족의 부족들이 조상 대대로 생을 이어오고 있다. 부족들의 수는 많지 않고, 대부분 이동식 목축업을 하고 있다. 그들에게 가장 친숙한 짐승이나 새를 종족의 기원으로 믿고 있으며, 지금도 곰, 늑대, 호랑이 등을 토템으로 삼고 숭상하고 있다. 이런 것을 보면 고조선 시대 웅족이나 호족의 이야기가 한낱 신화로 치부될 이유가 없다. 친숙하거나 두려운 동물을 하나 정해서 단체의 심볼이나 수호신으로 삼는 경우는, 오늘날 우리가 살고 있는 세상에서도 아주 흔한 일이다. 월남에 파병을 갔다 왔던 맹호부대, 비둘기부대 등이 그렇고 프로야구팀도 청룡, 사자, 곰 등의 동물 심볼을 가지고 있다.

단군은 한 분이 아니라 47분이나 계셨으며, 제3왕조까지 2096년을 이어온 아주 오래된 역사다. 일제가 환국을 환인으로 변조하고 단군조선을 신화로 만든 이유는 1400여 년 정도밖에 되지 않는 일본의 역사에 반해, 비교할 수 없을 정도로 오랜 역사를 가진 조선을 통치하기 위해 어떤 수단을 써서라도 조선의 역사를 깎아내리고 없애버려야 했기 때문이었다.

고조선은 북부여와 남삼한의 열국 시대로 넘어갔다. 북부여는 졸본 부여를 거쳐 고구려가 건국되고, 남삼한인 마한, 진한, 변한에서는 백제, 신라, 가야연맹이 각각 건국되었다. 백제가 대륙과 한반도에 동시에 존재했던 시기는 250년이 넘었고, 일식 기록에 의하면 신라도 초기에 대륙에 있었다. 200여 년간 존속하다가 고구려에 통합된 낙랑국도 있었다. 부여사인 북부여와 동부여의 이야기는 『삼국유사』에 나오지만, 『삼국사기』에는 전혀 나오지 않는다. 왜 그럴까? 그것은 이웃 중국의 역사서에 전혀 나오지 않았기 때문이라 생각된다. 북부여 5세 단군 고두막한의 군대가 한나라 무제의 침략군을 계속 물리쳤기 때문에 중국의 역사서에 제대로 기록하지 않은 것이다.

그러나 일제가 없앤 단군조선과 부여사의 역사를 『환단고기』에서 제대로 찾아볼 수 있는 것은 우리 민족의 큰 축복이요, 여간 다행스러운 일이 아니다. 『환단고기』는 한 권의 책이 아니다. 신라의 고승 안함로와 고려 시대 인물로 추정되는 원동중이 쓴 두 권의 『삼성기』, 고려 공민왕 때 이암이 쓴 『단군세기』, 고려 말 충신인 범장이 쓴 『태백일사』 등 다섯 사서를 묶어 편찬한 책이다. 한민족의 자랑스러운 역사기록인 것이다.

• 일제가 없앤 조선의 역사(총 7,134년)

BC3897	BC2333	BC239				열국시대
동서문명의 시원국가		조선(朝鮮)				북부여 (北扶餘)
환국(桓 國) 7세 환인 9환족 12분국	배달(倍達) 18세 환웅	북삼한 (北三韓)	삼조선 (三朝鮮)	대부여 (大夫餘, 국호변경)		북부여 (北扶餘)
		제1왕조 1048년	제2왕조 860년	제3왕조 188년		남삼한 181년
3301년	1565년					
천산 동방	백두산 신시	송화강	백악산	장당경		

5

일제는 『삼국사기』와 『삼국유사』 두 책을 남겼으나, 시기상 임나일본부가 성립되지 않자 『삼국사기』 초기 기록을 부정하기 시작했다

우리의 역사서 중 『삼국사기』와 『삼국유사』를 남겨 놓았는데, 『삼국사기』 기록을 그대로 인정하면 시기적으로 임나일본부설이 성립되지 않는 것이다. 곤란해진 그들은 『삼국사기』의 초기 기록이 가짜라고 부정했다.

• 쓰다 소키치의 『삼국사기』 초기 기록 불신론

"『삼국사기』, 특히 「신라본기」의 상대(上代) 부분에는 소위 왜(倭) 혹은 왜인(倭人)에 관한 기사가 자못 풍부하게 포함되어 있다. 그러므로 그 기사는 기기(記紀, 『고사기』·『일본서기』)와 더불어 우리 (일본인)의 상대사(上代史)를 천명하는 데 귀중한 사료인 것 같이 생각된다. 그러나 도대체 『삼국사기』 상대(上代) 부분이 역사적 사실의 기재로 인정하기 어렵다고 하는 것은 동방(東方) 아시아의 역사를 연구한 현대의 학자들 사이에서는 거의 이론(異論)이 없기 때문에 왜에 관한 기록 역시 마찬가지로 사료로서는 가치가 없다고 보지 않으면 안 된다."[27]

※ 이들이 자주 쓰는 문자다. 역사적 근거나 사료는 대지 않고, 학자들 사이에서 거의 이론이 없다고 하는 등의 물귀신 작전을 쓴다.

• 원삼국시대
고고학자 김원룡(김원룡)이 1973년 「한국고고학개설」에서 처음 사용했다. 『삼국사기』에 기록된 삼국의 연대를 인정하나, 기원후 3~4세기경이 되어서야 국가체계를 갖췄다고 본다. 학계에서 부적절한 용어임을 지적하고 있으나 고고학계 전반에서 여전히 사용하고 있다.

• 백제가 고이왕 때 건국되었다
『삼국사기』에 보이는 계왕(契王) 이전의 백제에 관한 기사는 모두 사실로써 믿기 어려운 것이고, 그것은 후세의 사가(史家)들에 의해 만들어진 것이다.[28]

"나의 연구한 바로는 엄밀한 의미의 백제의 건국은 온조로부터 제8대 되는 고이왕 때에 되었다고 믿는 바이다. 고이왕 이전은 부락 정치 시대에 불과하였을 것이다."[29]

이기백은 대표적인 일제 식민사학자인 쓰다 소키치의 『삼국사기』 초기 불신론'을 수용해 고구려, 백제, 신라의 초기 기록을 무시했다. 일본

27 쓰다 소키치 『삼국사기 신라본기에 관하여』
28 쓰다 소키치
29 이병도 「조선사대관」(1948)

의 역사책, 『일본서기』를 뼈대로 삼아 우리 역사를 바라본 것이다. 일제 식민사학자들은 '임나일본부설'을 한반도 남부에 넣기 위해 『삼국사기』 초기 불신론'을 만들었지만, 이기백은 일본 스승의 뜻을 따라 그 의도를 알면서도 그대로 수용했다. 그리고 이기백은 왜곡된 국통맥을 바로 세우기는커녕 식민사학을 추종하면서 『한국사신론』의 첫머리에 '식민사학 척결'을 내세웠다. 결론적으로 말해 한국사를 대표한다고 자찬하는 이기백의 『한국사신론』은 허울만 식민사학을 극복했다고 일갈할 뿐 식민사학 바이러스를 받은 이병도와 일본인 스승들의 역사학을 뼈대로 한 역사학일 뿐이다.[30]

---

30 증산도, '한국사 왜곡의 결정적 사건 8가지 − 제 뿌리 역사를 부정하는 이 땅의 매국사학(賣國史學)'

제5장

해방이 되었는데 역사광복은 왜 하지 못했나?

해방 후 식민사학이 그대로
주류사학이 되었다

1945년 8월 15일 대한민국은 일제 35년 식민지에서 해방되었다. 연합군의 승리로 해방됨과 동시에 38도 선을 경계로, 한반도는 남북으로 갈려 같은 민족끼리 좌·우 이념 대립으로 죽고 죽이는 살육전이 벌어졌다. 전승국의 지위를 확보하지 못한 상태에서 해방되었기 때문에 독립투쟁가들과 상해 임시정부가 우려한 대로 정국은 외세가 주도하게 되었다. 3년간의 미 군정 동안 일제에서 배운 학자들이 여전히 강단에 서게 되었다. 조선총독부의 잔재가 숙청되기는커녕 총독부의 잔존세력인 매국노들이 미 군정의 중추를 형성하고 득세했다. 그들에 의해 '국사교본(國史敎本)'이 1946년 5월 발행되었다. 외세에 의해 국토는 남북으로 분단되고, 남한은 다시 친일파 세상이 되었다.

1948년 8월 15일, 이승만정권이 등장했으나 친일파들은 그대로 중용되었다. 초대 대통령 이승만에게는 반공이 최우선의 과제였다. 대한민국의 힘으로 해방되었다면 친일파 숙청이 먼저 이루어졌을 터이지만 남북으로 쪼개지다 보니 엉뚱하게도 반공이 최우선 정책이 되었다. 이북은 공산국가가 되었고, '다 같이 평등하게 잘 사는 세상을 만들자'는 공산당의 달콤한 구호에 남한의 지식인들조차 남로당 가입을 저울질하던 시기라 간첩색출이 가장 먼저였다. 간첩색출이나 반공 다음 단계로 유능한 인재를 찾다 보니 친일, 반일을 가릴 여유가 없었다.

물론 친일 매국노를 처단하려는 국민적 운동은 있었기에 국회에서 반민족특별위원회가 구성되었다. 그러나 반민특위의 가장 큰 활동목적이 경찰 내부의 친일파 제거였는데, 이들은 벌써 이승만정권의 핵심기반이 되어 간첩 잡는 일에 투입되고 있었다. 이승만정권은 취약한 정치기반을 메우는 데 친일 매국노 경찰과 군, 그리고 친일 자본가들이 필요했다. 그들에게 반민특위란 그저 눈엣가시에 지나지 않았다. 친일 매국노의 힘이 필요했던 이승만정권은 결국 반민특위를 해체시켰다.

반민특위의 해체는 친일 잔재를 청산하지 못하는 결정적인 사건이 되었다. 그 결과 일제 식민사학은 매국 사학으로 되살아났고, 서울대를 장악하며 당당히 제도권의 중심에 자리 잡게 되었다. 그들의 머리가 이병도와 그의 제자 이기백이다. 이들을 통해 일제 식민사학의 변종인 매국사학(賣國史學)의 바이러스가 전파되었다. 이승만정권은 이렇게 하여 민족반역자들을 중용하는 큰 과오를 범하게 되었다.

이것은 이승만 박사의 시정 중 가장 큰 잘못이 되었을 뿐만 아니라 해방 후 76년이나 지난 현재까지도 대한민국이 참 광복을 이루지 못한 가장 큰 원인이 되고 말았다. 친일파의 재득세만큼 식민사관이 재등장하기 좋은 구조도 없었다. 바로 이 정치 구조 때문에 해방 후에 식민사관은 살아남을 수 있었다. 미군정이나 이승만 정권만의 문제도 아니었다. 4·19 혁명 후 이승만 정권이 무너지고 허정 과도 내각이 들어섰지만, 식민사학계의 태두 이병도는 도리어 문교부 장관으로 임명되었다.

덕분에 친일 매국노들이 무사할 수 있었고, 일제 강점기 때 누렸던 지위와 업적도 고스란히 유지할 수 있었다. 친일파들은 '반공'을 논리로 자신들을 애국자로 둔갑시키고 대한민국의 권력을 장악했다. 총독부 조선사편수회에서 한국사를 왜곡, 날조하는 데 앞장섰던 이병도와 신석호 등도 그 업적과 지위를 계속 유지하게 되었다. 자국으로 쫓겨난 일본인 스승들의 자리까지 꿰차면서 학계를 완전히 장악했다. 이때 기회를 놓쳐버린 '일제 역사 청산 작업'은 이승만 대통령 이후 박정희와 전두환, 노태우 등 군부정권이 연이어 집권함으로써 점차 사람들의 뇌리에서 잊혀져 갔다. 이것이 오늘날까지 일제 반도사관을 답습하게 되고, 자라나는 학생들이 바르지 못한 우리나라 역사를 배워야 하는 불행을 야기시킨 계기다.

1945년 8월 해방 공간에는 세 유형의 역사학자들이 있었다. 첫째는 백남운, 전석담, 김석형 같은 공산주의를 신봉하는 마르크시스트 역사학자들이었고 둘째는 정인보, 안재홍 같은 민족주의 학자들이었으며 셋째는 이병도, 신석호 같은 조선총독부 직속 조선사편수회 출신들이다.

마르크시스트 역사학자들은 북한의 김일성이 파견원을 보내 김일성대학에서 좋은 대우를 해 주겠다고 초청하자, 대부분 북한을 선택했다. 또 민족주의 학자들 상당수는 한국전쟁 와중에 납북되었다. 그 결과 조선사편수회 출신들만 남게 되어 한국 역사학계를 장악했다. 그들은 식민사관, 즉 조선총독부 역사관을 하나뿐인 '정설', 또는 '통설'로 만들고 남아있는 비타협적 민족주의 학자들을 탄압해서 아예 씨를 말렸다.

• 신석호와 이병도

신석호는 한국사학계의 거두가 되어 활발한 활동을 했다. 일본으로 건너가 세이소쿠 영어학교에서 수학하고 귀국해 경성제대 법문학부 사학과를 졸업하고 1929년 조선사편수회 촉탁으로 들어간 후, 수사관보와 수사관으로 승진했으며, 이병도와 마찬가지로 청구학회의 위원으로 활발한 활동을 전개했다. 해방 후 이병도 등과 함께 임시 중등국사 교원 양성소를 설치하고 교원을 양성하였다. 역사를 왜곡했던 장본인이 바로 그 지식으로써 새로운 국가의 국사 교원들을 만들어냈다. 국사편찬위원회를 창설하는 데에도 1등 공신 역할을 했다.

신석호는 이승만정권과 밀착 관계를 유지하다가 박정희가 권력을 잡자 그것의 역사적 필연성을 주장하면서 자신의 입지를 공고히 했다. 1961년에 혁명 재판사 편찬위원회의 위원으로 위촉되었고, 1963년에는 한국군사혁명사 편찬회 고문으로 피선되는 등 화려한 활동을 보여 주더니 그 공로를 인정받아 1963년 '대한민국 문화 훈장 대통령장'을 수여 받았다. 서울대학교, 고려대학교, 성균관대학교, 영남대학교 등에서 교편을 잡기도 했다.

오늘날까지도 한국 학계의 큰 흐름이라 할, 이른바 실증사학의 대표적 학자가 바로 이병도인데 이완용의 숙질이기도 하다. 그는 일본 와세다 대학에 다니며 요시다(吉田東伍)와 쯔다(津田左右吉)의 지도로 문헌고증학, 즉 실증사학의 기초를 다졌는데 이 중 쯔다는 이마니 시류와 함께 한국 고대사를 왜곡, 말살한 장본인이다.

이병도는 일본 와세다대학 사학급사회학과(史學及社會學科)를 졸업했다. 1934년 한국의 언어·문학·역사·민속·미술을 연구하는 한국인 학자들과 함께 진단학회(震檀學會)를 창립하고 『진단학보』를 간행했다. 일제강점기 조선사편수회에 수사관보와 촉탁으로 참여하면서 한국사를 왜곡하고 식민사관을 정립하는 데 기여했다. 이병도는 조선사편수회뿐만 아니라 1930년 경성제대 교수와 조선사편수회원, 그리고 총독부 관리들이 총동원되어 만든 청구학회(靑丘學會)라는 어용 학술단체에도 빠지지 않고 참여했다.

1945년 해방이 되자 진단학회를 재건하고, 국어와 국사 분야 중등교원의 양성을 위해 임시교원양성소를 설치했다. 1946년 서울대학교가 개교될 때 문리과대학과 사학과 창설에 참여, 교수로 활동하며 정년퇴임까지 16년간 도서관장, 박물관장, 대학원장 등을 맡았다. 1960년 문교부 장관에 취임했으며, 학술원 회장에도 피선되어 1981년까지 재임했다. 1962년 서울대학교 명예 교수로 추대되었고, 이후 성균관대학교 교수로 초빙되기도 했다. 민족문화추진회의 발족에 참여해 부회장과 이사를 거쳐 1982년 이사장에 취임해 한국 고전(古典)의 국역과 편찬사업을 활발히 진행했다.

그밖에 고등고시위원, 서울특별시 시사편찬위원회 위원, 국사편찬위원회 위원, 동아문화 연구위원회 위원장, 교육헌장심사위원, 국토통일원 자문위원, 국정자문위원으로도 활동했으며, 율곡기념사업회 이사장, 송산학원(松山學園) 이사장, 고려대학교 교우회장에 추대되기도 했다. 진단학회가 편찬한 『한국사』 집필에 참여해 1959년 고대 편과 1961

년 중세 편을 저술했다. 지리 도참에 대한 연구성과를 1948년 『고려시대의 연구』로 정리, 간행하여 1952년 문학박사 학위를 받았다. 또한, 『삼국사기』에 대한 역주작업을 진행해 1977년 『국역 삼국사기』를 출간했다.

다음은 식민사학의 태두, 이병도의 대표적인 주장들이다.

• 황해도 수안을 만리장성의 기점으로 삼다.

　(낙랑군) 수성현 … **자세하지 아니하나**, 지금 황해도 북단에 있는 수안(遂安)에 비정하고 싶다. 수안에는 승람 산천조에 요동산(遼東山)이란 산명이 보이고, 관방조에 후대 소축의 성이지만 방원진(防垣鎭)의 동서행성의 석성이 있고, 또 『진지(晋志)』의 수성현 조에는 ── **맹랑한 설이지만** ── '진대장성지소기(秦代長城之所起)'라는 기재도 있다. 이 진 장성설은 **터무니없는 말이지만**, 아마 당시에도 요동산이란 명칭과 어떠한 장성지(長城址)가 있어서 그러한 부회가 생긴 것이 아닌가 생각된다. 그릇된 기사에도 어떠한 꼬투리가 있는 까닭이다.[31]

• 대동강 남안 토성리 일대를 낙랑군 조선현의 중심지로 비정

　낙랑군은 … 그 수부〔首府, 수현(首縣)〕의 이름이 조선현인 만큼 지금의 대동강 유역을 중심으로 하고 있음에 대해서는 **종래에 별로 이론이 없었다**. 또 낙랑군이 한사군 중의 중추적인 구실을 하여 왔

31 이병도 「낙랑군고」, 『한국 고대사 연구』(박영사), 148쪽

대한민국! 잃어버린 우리의 역사 문화 그리고 영토를 찾아서

던 것도 사실이다.[32]

과연 일제 초기로부터 일인(日人) 조사단에 의해서 대동강 남안(南岸)인 (대동면) 토성리 일대가 낙랑군치인 동시에 조선현치(朝鮮縣治)임이 그 유적·유물을 통하여 판명되었다. … 낙랑의 유적과 유물은 다른 곳에서도 발견되지만, 특히 이 대동강 토성리를 중심으로 한 부근 일대에 집중된 감이 있다. 이로써 보더라도 이 일대가 낙랑군치인 조선현의 소재지였던 것은 재언을 요하지 않는다.[33]

• "고조선의 중심 지역은 서북 해안 지대인 대동강 유역(평양)"[34]

• "한나라 수군이 지금의 산동반도로부터 바다를 건너 열수(지금의 대동강)로 들어와 왕험성을 치다가 … 한은 위씨조선 땅에 본 주민의 국가를 말살하고 자국의 군현제를 실시하여 원原 조선에는 낙랑군"[35]

• "왕험성의 위치가 지금의 평양인 것을 알 수 있다."[36]

---

32 이병도 「낙랑군고」, 『한국 고대사 연구』(박영사), 133쪽

33 이병도 「낙랑군고」, 『한국 고대사 연구』(박영사), 140~142쪽

34 이병도 「조선사대관」, 20쪽

35 이병도 「조선사대관」, 30쪽

36 이병도 「위씨조선흥망고」, 『한국 고대사 연구』(박영사), 91쪽

이병도의 발언 중 가장 문제가 되는 것은 세 가지로 요약된다.

첫째, 1차 사료에 없는 말을 일본인 스승 '이나바 이와기치'의 1910년 발언을 그대로 추종해 "수안현으로 비정하고 싶다."라고 무책임하게 기술한 것이다. 둘째, 열수를 대동강으로, 고조선의 중심과 위만조선의 왕험성을 대동강 평양으로 비정한 것이다. 이는 '왕험성은 낙랑군에 있으며, 패수 동쪽에 있다'는 것과 위만조선의 도읍지였던 왕험성에 요동군 험독현을 세웠다는 『한서』「지리지」〈요동군〉'험독현'의 기록을 무시한 것이다. 즉, 패수가 대동강이면 왕험성은 패수 동쪽에 있어야 한다는 1차 사료를 무시하고, 대동강 남단의 토성리를 치소(治所)로 비정하는 잘못을 범한 것이다. 그리고 우거왕이 한나라 대군에 1년을 버틸 만한 험한 지역이 없는데도 평양을 위만조선의 왕험성으로 비정했다. 셋째, 일제가 발굴한 유물만 믿고 1차 사료에 부합하지 않은 '대동강 남단 낙랑군 중심지(조선현치)설'을 편 것이다. 즉, 이병도는 '토성리 일대가 낙랑군치인 동시에 조선현치임이 유적·유물을 통하여 판명되었다'고 믿고, "이 일대가 낙랑군치인 조선현의 소재지였던 것은 재언을 요하지 않는다."라고 단정 지었다.

해방 후 조선사편수회 출신인 신석호가 국사 관장이 된 것처럼, 이병도가 경성대학 후신인 서울대 교수로 부임해 가르친 제자들이 전국 각 대학의 사학과 교수로 활동하게 되었다. 이로써 이병도의 식민사관의 학문적 논리가 오늘날까지 막대한 영향을 끼치며 현행 국정교과서에도 그대로 반영되고 있는 것은 안타까운 일이다.

이병도가 친구 최태영 박사로부터 '죽기 전에 양심고백을 하라'는 얘기를 듣고 쓴 글이 『한국상고사입문』(1986)이라고 한다. 그 내용은 다음과 같다.

『고기』에는 환국이라고 되어 있던 것을 불교가 신라에 들어온 뒤에 이를 환인이라고 고쳐서 신라 때에는 환인이라 쓴 것과 환국이라고 쓴 것이 있었던 듯한데 근래에 **일본학자들이 '국국' 자를 '인인' 자로 개작(改作)해 놓고 신화라고 하였다.** 일본학자들도 한일병탄 전에는 환국(桓國)이라고 『삼국유사』 번역에 분명히 밝히고 있었다.[37]

37 이병도·최태영 『한국상고사입문』(고려원), 34쪽

2

실증사학으로 포장지만
바꾼 식민사학

이기백은 『한국사신론』에서 한국사의 학파를 민족주의 사학, 유물사관, 실증사학 3개로 분류했다. 실증사학은 한국사의 발전을 선입관을 가지고 이에 맞추어서 보는 것에 반대하는 것이며, 오히려 실증적인 태도로 객관적인 사실을 정확하게 인식함으로써 한국사의 올바른 이해에 접근할 수 있는 것이라고 주장했다. 그러나 이는 일제 총독부의 식민지 사관을 실증사학이라는 이름으로 포장만 바꾼 말장난에 불과했다. 조선총독부 사관이라 대놓고 말할 수 없으니까 실증사학이라고 포장한 것이다. 그는 한사군 한반도설과 『삼국사기』 초기불신론을 실증에 의한, 즉 팩트에 의한 사실이라고 주장했다.

이기백(1924~2004)은 이병도의 후학이다. 1942년 일본 와세다대학교 사학과에 입학하고, 1947년 서울대학교 사학과를 졸업했다. 이기백은 이병도와 같이 와세다대학과 서울대 사학과를 나와 『국사신론』(1961), 『한국사신론』(1967), 『한국고대사론』(1975) 등을 집필했다. 이기백의 역사관을 살펴보자.

대한민국! 잃어버린 우리의 역사 문화 그리고 영토를 찾아서

- 단군왕검의 건국을 믿을 수 없는 역사(신화)로 보았다. '청동기 국가 창건설'을 내세워 대한 상고사의 뿌리인 단군조선을 부정하기 위한 논리로 사용하였다.

청동기의 사용과 더불어 형성된 성읍국가를 기본으로 하고 각지에 정치적 사회가 탄생하였다. … 이들은 대체로 BC 4세기경에는 이미 중국에까지 그 존재가 알려질 정도로 성장하고 있었다. 그리고 그들 중에서도 청동기의 유물을 제일 많이 남기고 있는 요하와 대동강 유역에 자리 잡고 있던 고조선이 가장 선진적인 것이었다. 성읍국가로서의 고조선은 아사달(阿斯達)에 건국하였다고 한다. 아사달은 곧 훗날의 왕검성일 터이지만, 그 위치는 원래 대동강 유역의 평양이었던 것으로 전해져 왔다. 그런데 최근에는 요하 유역이었다고 주장하는 설도 대두하고 있으며, 혹은 처음 요하 유역에 있다가 뒤에 대동강 유역으로 옮겼다는 설도 나타나고 있다. 이 고조선 성읍국가는 아사달 일대의 평야를 지배하는 조그마한 정치적 사회였을 것이다.[38]

- 위만조선을 칭송하고, 한사군의 중심을 평양 낙랑으로 비정했다. 이기백은 평양 한사군설을 추종해 '대동강 평양을 고조선의 중심지로, 평양을 낙랑군 치소'로 비정한다.

한의 군현이 그들의 식민정책을 수행한 중심지는 낙랑군이었다. 그 낙랑군에는 군태수 이하의 관리와 상인 등 한인이 와 살면서

38 이기백 『한국사신론』(일조각), 30~31쪽

일종의 식민도시를 건설하고 있었다. 그들의 생활상의 대략은 낙랑군치(樂浪郡治)로 생각되는 평양(平壤) 서남쪽 강 맞은편의 토성리 유적이 발굴 조사된 결과 짐작할 수 있게 되었다.[39]

• 쓰다 소키치의 『삼국사기』 초기 불신론'을 추종

이기백은 대표적인 일제 식민사학자인 쓰다 소키치의 『삼국사기』 초기 불신론'을 수용해 고구려, 백제, 신라의 초기 기록을 무시했다. 일제 식민사학자들은 '임나일본부설'을 한반도 남부에 넣기 위해 『삼국사기』 초기 불신론'을 만들었지만, 이기백은 일본 스승의 뜻을 따라 그대로 수용했다. 그리고 이기백은 식민사학을 추종하면서 『한국사신론』의 첫머리에 '식민사학 척결'을 내세웠다. 이기백의 『한국사신론』은 허울만 식민사학을 극복했다고 일갈할 뿐, 식민사학 바이러스를 받은 이병도와 일본인 스승들의 역사학을 뼈대로 한 역사학일 뿐이다. 이기백은 '단군조선, 기자조선, 위만조선, 한사군설'로 대한의 국통의 뼈대로 잡고 있으며 '대동강 고조선, 대동강 위만조선, 대동강 한사군'으로 식민사학을 주입하고 있기 때문이다.

---

39 이기백 『한국사신론』(일조각), 36~37쪽

대한민국! 잃어버린 우리의 역사 문화 그리고 영토를 찾아서

3

랑케의 실증사학과 일본의
변질된 실증주의 사학

현재 한국의 역사학계를 지배하는 실증주의 사학의 역사관은 바로 일본
제국주의 식민사학의 역사관, 시각과 입장이 똑같다고 할 수 있다. 일제
의 식민사관이 만든 기형적인 실증사학을 청산하지 못하고, 그대로 한
국의 강단사학자들이 답습하고 배웠기 때문이다. 한국의 실증주의 사학
은 원래의 랑케의 실증주의 사학과는 거리가 먼, 일본이 만든 가짜 실증
주의 사학, 즉 일제 식민사학이기 때문이다.

과거의 독일은 현재와 달리 매우 가난하고 힘이 약한 약소국이었고,
여러 나라의 지배를 받았었다. 게르만 민족을 야만인이라 부르기도 했
다.분열된 약소국 시절 프로이센의 빌헬름 1세(1797~1888) 왕이 랑케
(Leopold von Ranke)라는 역사학자에게 물었다. "왜 우리 독일은 영국이나
프랑스 같은 강대국이 못 되고 이렇게 분열되고 항상 외세의 지배를 받
고 있는가?" 랑케는 "우리 독일 민족에게는 민족의식이 없습니다. 민족
의식을 고쳐 시키기 위해서는 우리 민족의 역사를 객관적으로 서술해야
합니다. 독일 민족의 역사는 그동안 로마제국, 프랑스, 영국, 러시아 등

의 강대국에 의해서 왜곡되고 폄하되어 왔습니다. 독일의 역사가 위대하다는 것을 독일국민들이 알게 될 때 우리 독일 민족이 하나로 뭉치게 되고, 민족의식이 고취되면 우리 독일은 강대국으로 나갈 수 있습니다."라고 대답했다.

빌헬름 왕은 베를린 대학에 사학과를 만들어, 랑케를 역사를 가르치는 책임자로 임명했다. 그러한 노력의 결과로 독일은 1871년 프랑스와의 전쟁에서 승리하고 베르사유 궁전에서 독일제국의 성립을 선포하게 되었다. 그 후 독일은 유럽의 최강국으로까지 발전하게 되었다. 이렇게 19세기 초 랑케를 필두로 오늘날 역사학의 기반이 되는 사료 비판이라는 해석학적 방법론이 제시되었고, 역사와 도덕을 분리함으로써 엄격한 학문으로서의 역사학이 정립되었다.

'사료에 대한 비판'과 '문헌 고증'을 통해서 객관적이고 과학적인 입장으로 역사를 연구하는 학문을 실증주의 사학이라고 하는데, 결론적으로는 랑케의 실증주의 역사학은 민족주의 역사학이었다.

일본은 바로 이런 역사의 교훈을 배우게 되었다. 그러나 일본은 랑케의 민족주의 역사학에 제국주의 이념을 결합시켰다. 강자가 약자를 지배하는 적자생존이라는 제국주의적 보편성이 결합된 것이다. 랑케는 독일 민족이 독일 민족의 개별적 역사를 연구해야 한다고 주장했다. 어느 민족이든 다 개별적이고 특수하기 때문에 개별성과 특수성을 함께 연구해야 한다고 했다.

다른 민족과 비교해서 상호 우열이 나뉘는 그런 개념이 아니었다. 모든 민족이 조화로운 관계를 갖게 되면 세계적으로는 평화가 올 것이고 인류는 진보할 것이라고 했다. 일본 제국주의는 일본의 역사를 일본

민족의 입장에서 연구해야 한다는 입장은 그대로 받아들였다. 그런데 일본의 실제 역사는 내세울 게 없었다. 일본의 민족의식을 고취 시키기 위해 없는 역사를 만들어 내고, 자신들에게 유리한 쪽으로 해석했다. 반면 한국의 역사는 객관적이고, 과학적인 증거가 없다는 이유로 있는 역사를 모두 부정하고 폄하시켰다. 그것이 일본이 만든 가짜 실증주의 사학, 일제 식민사학이 되었다.

역사는 사실이나 근거를 토대로 서술하는 사학, 즉 실증사학이라는 명분을 내세워 한국인 제자들에게 실증사학이 근대사학의 기준인 양 가르치고 우리 전통역사학을 전근대사학이라 매도했다.[40]

---

40 youtube STB 상생방송 역사 〈우리나라 실증주의 사학은 식민사학일 뿐 랑케의 실증주의와는 다르다 | 임종권 숭실대 교수〉, 네이버 블로그 〈랑케 실증주의 사학〉

4

일본 극우파들의 회생은
한일갈등의 주원인으로 이어졌다

일본에서 극우파가 다시 집권하는 이변이 생겼다. 당초 미국의 전후 동
아시아 구상은 국공내전에서 장제스가 승리하는 것을 전제로 중국을 반
공의 보루로 삼고, 일본을 민주적으로 개혁하는 것이었다고 한다. 그러
나 예상을 뒤엎고 마오쩌둥이 이끄는 공산당이 승리하자, 미 군정은 정
책을 변경하지 않을 수 없었다. 반공의 보루를 중국에서 일본으로 옮겼
다. 일본을 반공의 보루로 만든 것은 일왕이 아니라 미국이 되었다.

   감옥에 갇혀 있던 전범들을 석방하고 전범들에 대한 공직 추방령을
해제시켜 전범들을 다시 등용하게 된 것이다. 패전 뒤 곧바로 불거진 냉
전의 테두리 안에서 전범들이 해체되지 않고 극우파와 보수파의 구분이
안 될 만큼 섞여 버린 것이다. 이로 인해 극우적 가치와 보수적 가치가
공존하면서 사회를 압도하는 문화가 만들어졌다. 이것은 일본에서 극우
파가 다시 집권하게 되는 원인이 되고 말았다.

   전쟁의 범죄를 모르쇠 하고 피해국들의 항의를 되받아치고 있는 일
본 극우파들은 자신들의 과거 침략 행위에 대한 반성의 마음이 전혀 없

대한민국! 잃어버린 우리의 역사 문화 그리고 영토를 찾아서

다. 사사카와 료이치(笹川良一, 1899~1995)는 1931년 극우정당 국수대중당을 만든 자로 극우 사상에 아주 경도된 인물이다. 1945년 일제 패망 후 A급 전범으로 체포되었다가 미국의 정책이 극우파를 등용하는 것으로 바뀌면서 석방되어 도박산업으로 큰돈을 벌었다. 그는 극우 재단인 사사카와 재단을 만들어 "남경 대학살은 없었다", "종군 위안부는 자발적이었다", "독도는 일본 땅이다" 같은 망언들을 학술의 이름으로 조직적으로 유포했다. 그리고 한국인 학자들과 대학원생들을 일본으로 불러들여 막대한 자금으로 친일 한국인 역사학자군을 만드는 데 성공했다.

"가야는 임나다", "나주 반남 고분군은 5세기경 일본인들이 건너와서 만든 것이다" 따위의 일제 패망과 함께 폐기됐던 제국주의 역사학이 한국 학계에 다시 등장한 배경이 일본 극우파들의 의도적 행위의 결과임이 드러나고 있다. 재단의 이사장을 맡고 있는 사가카와 료이치의 아들 사사카와 료헤이는 일본 극우파 역사 교과서를 만드는 모임인 새역모 교과서의 회장이기도 하다.

이들은 막대한 자금력으로 학자들을 매수한다. 장학금과 지원금을 제공하여 한국의 친일 스파이들은 물론, 각종 지원금을 제공하여 세계의 친일 스파이도 양성한다. 하버드대학의 램지어 교수 등이 그 예다.

1972년 일본 미쓰비시(Mitsubishi)는 미국 하버드 석좌에 100만 달러를 기부했다. 이후 방문학자가 미쓰비시 석좌 교수를 번갈아 맡아오다가 1998년 정식 교수직으로 승격되었다. 그 첫 수혜자가 램지어 교수였다. 일본 우익을 대표하는 그의 논문이 계속해서 나왔다. 그 뒤 큰돈이 하버드에 들어갔다고 한다. 그는 2021년 2월 "일본군 위안부는 매춘부였다"라고 발표하여 큰 파문을 일으켰다. 램지어 교수의 황당한 주장을 지지

한 국내 극우단체도 있었다. 램지어 교수를 비판하는 교수들에게 램지어 교수의 학문적 양심은 보호받아야 한다고 이메일을 보낸 서울대 이영훈 교수, 연세대 류석춘 교수, 정규재 논객 등이다.

이영훈 교수가 스승인 안병직 교수와 함께 쓴 '근대 조선의 경제구조' 서문에는 한국의 경제발전에 관한 역사적 연구 테마로 일본 도요타 재단으로부터 400만 엔을 지원받았다'는 말이 나와 있다. 류석춘 교수는 대학 내 아시아연구기금의 사무총장을 6년 지낸 자이다. 아시아연구기금은 1996년 설립했고, 설립자가 낸 기본금이 5,000만 원뿐인데 2014년 공개된 재무상태 보고서에는 기본금 약 103억 보유라고 나와 있다. 사사카와 재단에서 1995년 이름을 바꾼 일본재단(Nippon Foundation)이 상당부분 제공한 것으로 추정된다.[41]

1991년 김학순 할머니가 '자신이 강제로 연행되어 비참한 일본군 위안부 생활을 했다.'고 최초로 공개 증언하는 장면이 TV 뉴스에 나왔다. 일본 정부는 큰 충격을 받았다. 이것이 계기가 되어 1993년에 일본에서 일본의 위안부 강제연행을 인정하는 고노 요헤이 당시 미야자와 내각 일본 관방장관의 담화가 나왔다.

"오랜 기간에 걸쳐 또 광범위한 지역에 걸쳐 위안소가 설치되어 수많은 '위안부'가 존재했던 것이 인정됐습니다. 위안소는 당시

41 youtube 이덕일 역사 TV 〈[가야사 바로잡기] 일본 유학 간 한국 학생에게 A급 전범 사사카와 재단이 장학금 살포 연세대 고려대 세브란스 병원 등 전방위적인 후원 위안부 매춘 발언과 같은 일본 극우파 대변 배경), youtube 역사영토 〈성노예 피해자 국내 극우파들이 램지어 교수와 하나〉

군 당국의 요청에 의해 설치·운영되었고 위안소의 설치와 운영, 위안부의 이송에 관해서는 옛 일본군이 직·간접으로 간여했습니다. 존재했던 것이 인정됐습니다."

고노 담화의 영향으로 위안부 문제가 일본 교과서에도 실리게 되었다. 이어서 1995년에는 당시 총리였던 무라야마 도미이치의 담화가 나왔다.

"일본은 식민지 지배와 침략으로 많은 국가, 특히 아시아의 많은 국민들에게 큰 손해와 고통을 주었습니다."

그러나 2000년대에 들어와서 극우세력의 집권이 시작되면서 분위기가 달라졌다. 극우파는 고노 담화와 무라야마 담화를 부정해야 한다고 주장했다.

2006년 9월 1차 아베 정권이 등장하고 나서 교육법을 개악했다. 위안부 문제가 모든 교과서에서 삭제되었다. 2012년부터 시작된 제2차 아베 정권은 고노 담화와 무라야마 담화를 기본적으로 계승하지 않았다. 극우학자들은 과거를 사죄하거나 침략을 인정하는 역사관을 자학 사관이라고 부르며 과거에 구애받지 않는 자유 사관을 추구해야 한다고 기승을 부렸다. 그들의 내용은 왜곡 일변도로 가는 것이었다. '일본의 역사는 훌륭한 역사였다. 과거 일본은 가장 큰 영토를 차지했다. 침략의 역사도 미화하는 방향으로 가자!' 이런 것들을 목표로 삼고 극우세력은

'새 역사를 만드는 모임' 같은 것을 결성하고, 강연회를 열고, 서적도 출판했다. 극우적인 교과서를 집필하고 '일본회'라는 극우단체도 만들었다. 아베 정권은 교육기본법도 개악했다.

그때까지 교육의 기본 이념은 세계평화와 세계 진리를 추구하는 인재를 양성하는 것이었는데, 일본인의 애국심을 강조하는 교육으로 바꾸어 버렸다. 교과서를 만들 때, 학부모와 진보적인 사람들이 참여해서 의견을 반영하던 것도 못하게 만들었다. 세종대학의 '호사카 유지' 교수는 '한·일간 역사전쟁을 현재도 하고 있는 이유는 일본에서 극우 역사교육을 국가정책으로 만들어 버렸기 때문'이라고 지적하고 있다. 호사카 유지 교수는 원래 일본인이었지만 한국인으로 귀화하신 분이다. 그는 일본에서 30년간 살았다. 전쟁이 끝나고 난 후 일본에서는 고향으로 돌아온 군인들이 '위안부'에 대해서 쓴 글들이 많이 돌아다녔다고 했다.

중국의 경우에는 마을지도자에게 일본군이 강제동원 명령을 내리기도 하고, 민가를 침입해서 강제 연행한 경우까지 있었지만, 조선의 경우에는 취업 사기나 유괴가 대부분이었다고 한다. 종군 간호사다, 군인들 위문 간다, 도쿄의 군수공장 노동자로 간다, 고급장교 집의 가정부다, 군대 식당 종업원이다, 근속이다, 여자 근로 봉사대다 등 가짜 취업을 미끼로 모집했다고 한다. 정식 고용계약서는 물론 없었고, 모집해서 보내는 자의 표 한 장으로 배를 태웠다고 했다. 문맹률이 높을 때라, 반발하는 부모에게는 약간의 선급금을 주고 데려갔다고 한다.

일본의 극우파, 한국의 신친일파, 램지어 교수 등은 이것을 공창제라고 주장하지만, 세계의 위안부 연구자들은 공창제의 형식을 갖춘 성노예 제도라고 반박한다. 몸을 파는 여성들의 인권을 위해 만든 것이 공

창제지만, 위안부는 장병들의 위안을 위해서 만든 것이라 그 목적부터 다르다.[42]

태평양전쟁 일본군 위생병이었던 마츠모토 마사요시는 "지금 정부가 무슨 말을 하고 있나? '그런 일은 없었다', '위안부는 없었다'고 하는데, 내가 산 증인이다. 나는 과거 위생병으로, 한반도에서 끌려온 여성들을 내 손으로 성병 검사를 했다. 위안부 문제는 일본인으로서 양심을 질문받는 문제다. 이 문제가 진지하게 다뤄지지 않는다면, 회개해야 할 것을 회개하지 않는다면, 사죄해야 할 것을 사죄하지 않는다면 일본인은 양심이 없는 존재가 되는 것이다. 그렇게 되면 일본인들은 동양사람들로부터, 세계 사람들로부터 신용 받지 못하는 인간이 되어 버린다." 라고 절규하면서 1인 시위를 하고 있다.[43]

---

42   youtube 대한사랑 배달의숙 〈일본 극우의 앞잡이 – 신친일파와 일본군 '위안부' 문제 | 호사카 유지〉
43   youtube Southbound TV 〈어느 위생병의 고백 "나는 전쟁 범죄자입니다."〉

5

일본 정부의 해외유학생 육성과
극우파들의 한국 식민사학 지원

10여 년 전쯤 일본 극우파 사사카와 재단의 자금 100억 원이 국내의 모 사립대학에 '아시아연구기금'으로 지원되어 물의를 일으킨 적이 있다. 50억 원은 또 다른 사립대학에 들어갔으며, 당시 사사카와 재단이 뿌린 자금 규모는 총 300억 정도로 알려졌다. 왜 이들은 국내 대학에 자금을 지원했을까? 그 자금은 어디에 또 무엇을 위해 사용되었을까?

해방 후에도 많은 한국 학생들이 일본에서 공부하고 돌아와 대학교수가 되었다. 미국에 가려면 학비가 많이 들지만, 일본은 비교적 쉽게 갈 수 있었다. 특히 일본 정부는 장학금 제공으로 우수한 학생들을 유혹했다. 문부성 장학금으로 일본에 유학한 것을 자랑스럽게 EBS(교육방송)에서 밝힌 모 대학 교수의 얘기다. 매년 아시아 각 나라 대상으로 일본 정부가 돈을 줘서 유학생을 선발하며, 등록금은 전액 면제고 연구생 2년, 석사 2년, 박사 3년까지 매달 200만 원씩 지원해 주는, 세계에서 가장 좋은 장학제도라고 밝혔다. 그는 그 돈으로 결혼해 네 식구가 생활하면서도 박사 과정까지 마칠 수 있었다고 했다. 현재 우리나라 대학의 역사 교수들 중에는 일본 유학을 하고 와서 식민사학을 그대로 신봉하는 자들이 대부분이라 해도 과언이 아닐 것이다. 그동안 일본 정부가 유치한 국비 유학생이 6만 5,000명이 넘었다고 하니 중공이 최근 우마우당으로 남의 나라 여론을 조작하는 방법보다는 수가 높은 정책처럼 보인다.

• 국내 후원 사례[44]

사사카와재단으로부터 지원 받은 한국 단체

한국정치학회	$46,800	(4,600만원)	1996년
고려대학교	$1,000,000	(12억)	1989년
연세세브란스병원	$442,500	(5억)	1993년
연세대학원	$9,718,200	(118억)	1995년

아시아연구기금 후원 항목

단위: 엔

연도	사업명	단체명	조성국	실시국
2015	아시아연구기금 한일 심포지움	아시아연구기금	9,200,000	한국
2014	아시아연구기금 한일 심포지움	아시아연구기금	6,054,424	한국
2014	한일관계 50년 연구사업	아시아연구기금	6,409,514	한국
2013	아시아연구기금 한일 심포지움	아시아연구기금	6,030,000	한국

---

44 일본재단, ⓒ오마이뉴스 최우현기자, youtube 이덕일 역사 TV 〈[가야사 바로잡기] 일본 유학 간 한국 학생에게 A급 전범 사사카와 재단이 장학금살포. 연세대 고려대 세브란스병원 등 전방위적인 후원 위안부 매춘 발언과 같은 일본 극우파 발언 대변 배경〉

제6장

잃어버린 우리의
역사, 문화
그리고
영토를 찾아서

고려, 조선의 국경과 삼국시대
일식 기록에 의한 삼국의 수도 위치

① 고려와 명나라 국경 및 조선과 명나라 국경

『고려사』 성종 9년(CE 989) 9월 7일에 내린 교서에 따르면, "10월을 택하여 요성(遼城)을 찾아가 조상들의 옛 규범을 행하고 나라의 새로운 법령을 펴고자 하니, 서도유수관(西都留守官)과 연로(沿路)에 있는 주현(州縣)의 수령(首領) 및 여러 진(鎭)의 지휘관은 잠시라도 임소(任所)를 떠나지 말도록 하라"라고 기록하고 있다.

예종 2년(CE 1107) 평장사(平章事) 윤관(尹瓘)이 원수가 되어 지추밀원사(知樞密院事) 오연총(吳延寵)을 부원수로 삼아 병사를 거느리고 여진을 쳐서 쫓아내고 9성(城)을 두었는데, 공험진(公嶮鎭) 선춘령(先春嶺)에 비석을 세워 경계로 삼았다. 명종 8년(CE 1178)에 이르러 연해명주도(沿海溟州道)라 불렀다.[45]

---

45 『고려사』 「지리지」

『고려사』 공민왕 5년(CE 1356) 5월 기록에는 '인단과 강중경을 서북면 병마사로 삼고 전 대호군 최영을 부사로 삼아 압록강 서쪽의 8참을 공격하게 하였다'고 했다.

현행 한국 중·고 교과서에는 식민지시대 쓰다 소키치가 그어놓은 고려 천리장성이 나온다. 그곳에는 성벽도 없고 유적도 나오지 않는다. 천리나 되는 장성에 아무런 흔적이 없다. 이곳을 답사했던 복기대 교수는 '이곳은 일부 지역 높이가 1,000m가 넘는 지형으로 장성을 쌓을 필요가 없는 지역이며 사람이 전혀 살지 않는 곳이라고 했다. 천리장성과 국경을 바르게 그린 지도는 '지도 ②'와 같다.

 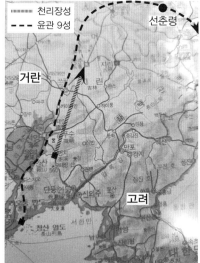

| ① 쓰다 소기치가 그린 지도 (출처: 인하대고조선연구소) | ② 올바른 고려의 경계 (출처: 인하대고조선연구소)

조선과 명나라의 국경선도 공험진이었다. 『태종실록』 4년 5월 19일에 태종이 명나라에 보낸 국서에 "밝게 살피건대[照得], 본국의 동북 지방은 공험진(公嶮鎭)부터 공주(孔州), 길주, 단주, 영(英州), 웅주(雄州), 함주(咸州) 등의 주(州)인데 모

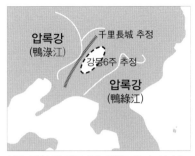

| 천리장성 및 강동 6주 위치도 (출처: 인하대고 조선연구소)

두 본국의 땅에 소속되어 있습니다."라고 기재되어 있다. 세종이 인식한 명나라 국경도 공험진(公嶮鎭)이었다. "고황제(高皇帝, 주원장)가 조선 지도를 보고 조서(조서)하기를, '공험진(公嶮鎭) 이남은 조선의 경계라'고 하였으니, 경들이 참고하여 아뢰라."[46]

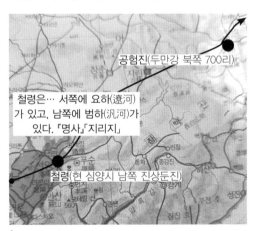

| 고려사, 조선왕조실록, 명사가 말하는 고려, 조선 국경선
세종 21년: 공조 참판 최치윤을 명나라에 보내 '철령부터 공험진까지는 조선 경계'라고 통보했다. (출처: youtube. ⓒ(사)한가람역사문화연구소)

『세종실록지리지』 '함길도 길주목 경원도호부' 조에 두만강에서 공험진까지 688리로 기록되어 있다.

우리의 어린 학생들, 자라나는 후세들에게 올바른 역사적 사실을 교육해야 한다. 중요한 것은

---

46 『세종실록』 15년 3월 20일

모든 것을 역사의 사실에 근거를 두고 바로잡는 것이다. 실로 시급한 일이다.

역사를 가르치는 교사뿐 아니라 정치가, 기자 그리고 일반 시민도 모두 달려들어 바로잡아 나가야 한다. 교과서를 만드는 사람들도 마찬가지다. 역사적인 근거가 없는 사실을 기재하여 학생들이 교육을 잘못 받게 되는 것에 큰 죄의식을 느껴야 한다. 인터넷의 발달로 역사적인 자료들을 찾기 쉽지 않았던 지난날과 달리, 지금은 어렵지 않게 찾아볼 수 있는 시대가 되었다.

② 일식기록에 의한 삼국의 수도 위치

우리는 천손(天孫) 민족이다. 하늘에서 내려온 민족이라 믿었기에 항상 하늘을 관찰했고 하늘에 제사를 지냈다. 우리는 사람이 죽으면 '그분이 죽었다'고 하지 않고 '그분 돌아가셨다'고 한다. 하늘에서 왔기 때문에 하늘로 돌아가신다고 믿는 것이다. 관 바닥에 북두칠성 판을 깔거나 바닥에 7개 구멍을 뚫고 영혼이 하늘로 돌아간다고 믿은 천손 민족이다.

『환단고기』의 「단군세기」 13세 단군 흘달 재위 61년에 오성취루의 기록이 있다. 오성취루(五星聚婁) 기록은 오성, 즉 수성, 금성, 화성, 목성, 토성이 해와 달 사이에 한 줄로 늘어서 있는 놀라운 기록이다. 5개의 별이 일렬로 서 있는 것을 그 옛날에 기록한 것이다. 단기 601년이고 BCE 1733년 기록이다.

오늘날 천문학자들이 컴퓨터를 이용해 그 옛날의 천문기록으로 되돌아가 보니, 기록된 날짜와 딱 하루 차이가 난다는 놀라운 결과를 나타내고 있다. 삼국시대에도 하늘을 관찰했다. 경주에 가면 하늘을 관찰했던 첨성대가 지금까지 보존되고 있다. 고구려, 신라, 백제 모두 일식을 기록한 기록들이『삼국사기』에 있다. 이 기록들은 각 국가의 수도에서 관찰한 기록들임이 틀림없다. 이 기록들이 정확하게 어디서 관찰되었는지 역으로 추적해보면, 각 국가의 수도가 어디에 위치하고 있었는지 찾아볼 수 있을 것이다.

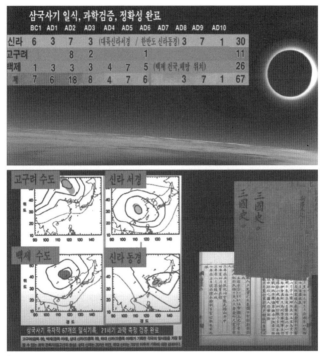

| (출처: youtube 〈한반도로 줄어든, 우리 영토의 비밀 (시간순삭 ver)〉 ⓒ책보고)

2

간도 땅

우리는 언제부터 만주 땅을 잃게 되었는가? 세종이 인식한 명나라 국경이 공험진이었다는 기록이 있는데, 정확하게 언제부터 만주 땅을 잃게 되었는지는 역사책들을 이리저리 찾아보아도 잘 알 수가 없다. 두만강 북쪽 만주족은 원래 말갈인으로 불렸다. 말갈인은 여진족의 전신이며 6~7세기경 중국의 지린성, 헤이룽장성과 한국의 함경도, 러시아의 연해주, 하바롭스크 지방에 살던 퉁구스계 민족으로, 주나라 때에는 주로 숙신, 한나라 때는 읍루라 불렸다. 고구려가 만주벌판을 다 차지했을 때, 말갈은 고구려에 복속되거나 통제를 받았으며, 속말 말갈은 발해를 세우는 데 크게 기여했다. 따지고 보면 말갈인, 여진족, 숙신, 읍루 모두 (고)조선에 속했던 사람들이었다.

1115년 아구타가 금나라를 세웠으나 1234년 몽골의 침략으로 멸망하고 말았다. 1370년 몽골제국 원이 물러가고 중국에서는 명나라가 세워졌다. 명의 지배를 받고 조선에 조공을 보내던 이곳에서 1616년 누르하치가 후금을 세웠다. 조선은 이들을 여진족 오랑캐라 부르며 명나라 편에 섰다가 그들의 침략을 받았다.

인조는 강화도로 피신했으며 조선은 후금과 형제의 나라가 된다는 맹약을 한 뒤 이 난을 벗어났다. 1627년 정묘호란이었다. 이후 후금은 청(靑)으로 나라 이름을 바꾸었다. 조선은 그 후에도 별로 개선의 의지를 보이지 않다가 1636년 병자호란이라 불리는 청 태종의 침략을 받았다. 인조는 남한산성으로 피신했다가 굴욕적인 삼전도의 치욕을 당하고 항복했다. 이 와중에 조선 초기까지 가졌던 만주 땅을 잃게 된 것이 아닌가 하는 생각이 든다.

1640년에 시작된 청의 명나라 침략은 1683년 4대 황제 강희제 때 완성되었다. 그동안 만주에 있던 청의 병사와 백성들은 중국의 넓은 대륙으로 대거 이주하게 되고, 만주 땅은 나라를 세우게 된 근원의 땅인 여진족 성지가 되고, 사람들의 출입을 일체 못하게 하는 봉금 제도가 시행되었다.

만주 땅을 오랫동안 비워 놓았기 때문에 강희제는 청과 조선의 강역을 분명히 하기 위해 프랑스 신부에게 의뢰하여 서양기술을 받아들인 지도를 제작하기로 했다. 1709년부터 프랑스 신부 레지는 직접 길림과 흑룡강 유역 등을 조사했다. 이 조사를 토대로 1718년 황여전람도(皇輿全覽圖)가 만들어졌다. 유럽에서는 이 지도를 바탕으로 동아시아지도가 만들어졌다. 우리나라 학자들은 이 선을 레지선이라고 이름 붙였다.

1737년에는 프랑스 지리학자 당빌이 만든 지도가 만들어지고, 1771년에는 프랑스 수학자 본느가 지도를 만들었다. 레지선은 압록강과 두만강보다 훨씬 위쪽을 국경선으로 그렸으며, 본느선은 레지선, 당밀선보다 더 많은 땅을 조선의 땅으로 표기하고 있다. 당빌 등 당대의 유명

지도 제작자들이 만든 지도는 두만강 이북의 북간도 지역뿐 아니라 압록강 서북쪽도 조선땅으로 표기하고 있다.

백두산정계비란 조선과 청나라 사이의 경계를 나타내고자 백두산에 세운 비석이다. 일찍부터 청나라는 만주를 종족 발상의 땅이라 여겨서 소중히 여겼다. 이 비석은 1712년 국경을 분명히 하기 위해 청 황제가 파견한 오라총관(烏喇總管) 목극등(穆克登)이 조선의 관리들과 회담하고 세운 정계비다. 이 정계비는 1931년 일어난 만주사변 때 일본이 없애버렸다. 그 탁본만이 남아있다.

| 백두산 정계비 (출처: 세계한민족문화대전)

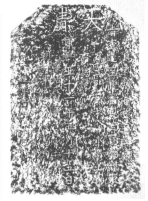

| 백두산 정계비 탑본 (출처: 국립중앙박물관)

대한민국! 잃어버린 우리의 역사 문화 그리고 영토를 찾아서

백두산 정계비의 내용은 "서위압록 동위토문 고어분수령(西爲鴨綠, 東爲土門, 故於分水嶺)"이다. 이를 기준으로 청나라와 우리의 국경이 정해졌다. 1712년(숙종 38년) 백두산정계비가 건립된 이래 160여 년간 간도의 귀속 문제는 논의되지 않았다. 그러나 1881년(고종 18년) 청이 봉금(封禁)을 해제하고 청인의 간도 이주와 개간을 장려하면서 영유권 문제가 발생하였다. 광무(光武) 7년(1903년)에 의정부 참정 김규홍(金奎弘)이 고종에게 '백두산정계비'를 세운 이후 "토문강 이남 구역은 우리나라 경계로 확정되었다"라면서 간도시찰관 이범윤(李範允, 1863~?)을 북간도 관리로 임명하자고 주청했다. 대한제국은 이범윤을 북간도 관리로 임명해 간도에 상주시켰고, 간도 백성들은 대한제국에 세금을 납부했다.

토문강을 두만강이라 주장하는 학자가 있으나, 토문강은 송화강의 한 줄기인 오도백하를 뜻한다. 토문강은 송화강의 지류로서 두만강과 하등의 관계가 없고, 그들이 건립한 백두산정계비 〈동위토문〉의 토문은 두만강과는 별개의 강으로 '토문·두만 동일

| 서위압록 동위토문(西爲鴨綠 東爲土門)

설'은 어디까지나 그들의 일방적인 주장인 것이다. 백두산 천지에서 직접 발현하는 강은 송화강뿐이며, 압록강과 두만강은 직접 연결되지 않는다고 한다. 목극등은 프랑스 신부 레지가 측량·조사한 사실을 미리 인

지하고 왔을 것으로 보이며 조선의 관리가 압록강 이북의 땅을 주장하지 않은 것을 큰 다행으로 생각했을 가능성까지 있다.

간도라는 지명은 조선 시대 우리 농민들이 이 지역을 새로 개간한 땅이라는 뜻에서 간도(墾島)라 부르기도 했으며, 송화강, 토문강, 흑룡강, 우수리강, 압록강, 두만강 유역의 청나라와 조선 사이에 놓인 섬과 같은 의미의 간도(間島)에서 유래했다. 그 영역은 서쪽으로 장춘, 선양, 단동 지역을 포함한 서간도, 러시아 연해주의 흑룡강 이남의 우수리강 지역과 송화강 유역의 동간도, 그리고 하얼빈 지역의 북간도를 포함한 곳으로 광활한 영토다. 조선 말기에는 세도정치의 학정과 수탈에 못 견딘 농민들이 간도로 대거 이주했다. 이후 1869년 함경도 지방의 대흉년으로 수많은 주민들이 미개발 지역인 간도로 들어가 새로운 삶의 터전을 마련했다. 이후 일제의 손길에서 벗어나거나, 또는 항일 운동의 새로운 기지를 찾아서 간도 이주민이 대폭 늘어나게 되었다.

이 시기 러일전쟁에 승리한 일제는 조선에서 러시아를 밀어내고, 마침내 1905년 을사늑약을 체결해 조선 통감부를 설치했다. 조선의 외교권을 박탈한 일제는 그들의 무력을 배경으로 간도 지역의 실질 지배권 확보를 추진했다. 1906년에 조선국 참정대신 박제순(朴齊純, 1858~1916)이 일제통감부에 간도 거주 우리나라 사람을 보호해 주도록 요청하자, 간도는 1907년 조선영토라고 통감부가 발표하고 조선인들을 관할하는 간도 파출소를 설치했다. 그러나 곧 일본은 대륙 침략의 발판을 얻기 위해 1909년 남만주 철도 부설권과 푸순(撫順) 탄광 개발권을 얻는 대신 두만강을 국경으로 하고, 간도의 한민족은 청나라의 법률 관할 하에 두어, 납세와 행정상의 처분도 청인과 같이 취급한다는 내용을 골자로 한 간도협약을 맺고 간도 지방 영유권을 청에 넘겨 버렸다.

당사자인 우리 정부는 협약에 간여하지도 못한 채 불법적으로 영토를 빼앗긴 것이다. 간도협약 체결로 일본은 만주 침략을 위한 기지를 마련하는 동시에 남만주에서의 이권을 장악하고, 조선 통감부 임시 간도파출소를 폐쇄하는 대신 일본 총영공사관을 두어 간도 지역 한인을 통제하였다.

그러나 조선의 외교권을 강탈한 을사늑약이 무효이기 때문에 이를 근거로 1909년 일제−청나라 간의 간도협약은 국제법상 당연히 무효다. 일본이 을사조약에 의해서 한국의 외교권을 대리 행사할 수 있다는 이유만으로, 형식적이나마 국가의 외교권 박탈을 전제로 한다 하더라도 한국이 일본에 영토처분권을 부여하는 어떠한 조약이나 약정을 체결한 바 없음에, 한국의 경우에는 청일 간도협약의 유효성을 인정할 수 없는 것이다.

한국이 을사늑약에 의해 비록 외교권이 피탈되어 형식적이나마 국가주권을 갖고 있던 상황하에서 청국 측이 〈동삼성오현안(東三省五縣案)〉의 이권을 일본에 양보하고, 교환 조건으로 한국민의 의사에 반한 간도 영유권 처리는 '모든 조약은 당사국 간에만 유효하다'는 국제관계의 원칙에 위배 되는 것이다.

그 뒤 일제로부터 농토를 탈취당한 조선 농민들의 간도 이주가 계속

되어 1926년에는 간도의 중국인이 약 1만 호인데 조선인은 약 5만 3,000호였다. 농민들이 이 지역으로 이주한 또 다른 이유는 반일본제국투쟁을 위한 것이어서, 이 지역의 인적·물적 자원 공급으로 항일 투쟁이 더욱 활발해질 수 있었다. 이러한 간도 지역에서의 독립투쟁도 1931년 만주사변을 계기로 일제가 간도 지역에 세운 괴뢰국인 만주국을 수립하자 일시 중단되었고, 이후 2차 대전에서 일본이 항복하자 3일 후인 1945년 8월 18일, 간도 지역은 안타깝게도 중공군에 점령돼 지금까지 중국영토가 돼 있다.

UN의 〈조약과 관련된 국가 상속에 대한 빈 협약〉은 국경의 안전성 보장을 위해 자동상속의 형식을 취하고 있다. 불평등 조약이나 강박에 의한 조약, 보호국의 권한 외 행위로 체결된 조약 등 무효사유가 있으면 조약의 상속이 인정되지 않는다. 이런 맥락에서 북한과 중국이 1962년에 맺은 조중변계조약(조중변계조약)에 따르면 양국 경계는 압록강—백두산 천지—두만강이다. 이는 백두산과 천지를 양분하고 간도는 중국 땅으로 넘기는 내용으로 북—중 양국은 59년이 지난 현재까지 이 조약을 유엔에 등록하지 않았다.

우리가 남북통일을 이루었을 경우 통일국가가 이 조약을 승계하면 압록강—백두산 천지—두만강을 국경선을 인정하는 것이 되나, 이 조약 승계를 거부하면 제3국에 대한 구속력을 갖지 못해 무효가 된다. 그러므로 한민족 통일과정에서 간도 지역 국토를 회복할 면밀한 전략이 필요하다고 박일송 통일기반조성 한민족포럼 공동대표가 지적하고 있다.

대마도(對馬島)

이승만 초대 대통령은 1948년 8월 15일 대한민국 정부 수립을 선포하고, 불과 사흘 후 "역사의 진실은 어쩔 수 없다, 대마도는 우리 땅이므로 일본은 속히 반환하라" 하고 천명했다. 대한민국을 건국한 지 3일 뒤 개최된 첫 기자회견에서, "우리는 일본에 대마도를 한국에 반환할 것을 요구할 것이다. 대마도는 상도(上島)와 하도(下島), 이도(二島)로 되어 있으며 한일 양국 중간에 위치한 우리 영토인데 삼백오십 년 전 일본이 불법으로 탈취해 간 것이다."라고 말했다.

이 대통령의 이 같은 '대마도 한국 영유권' 발언에 당시 일본 요시다 시게루 내각이 반발하자 이 대통령은 9월 9일엔 '대마도 속령(屬領)에 관한 성명'을 발표, 영유권을 확인했다.

다음 해인 1949년 1월 8일 연두 회견에서 이 대통령은 다시 한번 대마도 반환 문제를 강력히 제기했다. 이 대통령은 회견에서 "대일 배상 문제는 임진왜란 시부터 기산(起算)하여야 한다"며, "특히 대마도는 별개로 하여 취급되어야 할 것"이라고 강조했다. 그는 이어 "대마도가 우리 섬이라는 것은 더 말할 것도 없거니와 350년 전 일본인들이 그 섬에 침입해왔고 도민들은 민병을 일으켜 일본인과 싸웠다"며 "그 역사적 증거는 도민들이 이를 기념하기 위해 대마도 여러 곳에 건립했던 비석인데 일본인들이 뽑아다가 도쿄박물관에 갖다 둔 것으로도 넉넉히 알 수 있을 것"이라고 설명했다.

이 대통령은 "이 비석도 찾아올 생각이다. 1870년대에 대마도를 불법적으로 삼킨 일본은 포츠담선언에서 불법으로 소유한 영토를 반환하겠다고 했기 때문에 우리에게 돌려주어야 한다."라고 덧붙였다. 이 대통령은 연두 기자회견에서 대마도 반환을 요구하며, "한국과 일본 사이에는 오래된 해상 경계가 있다."라고도 했다.

일본은 히로시마와 나가사키에 원자폭탄이 투하되자 항복을 선언하고 〈포츠담 선언〉에서 정한 항복 조건을 받아들였다.

포츠담선언 제8항
〈카이로 선언〉의 조건은 이행되어야 하고, 일본의 주권은 혼슈 섬과 홋카이도 섬과 규슈 섬과 시코쿠 섬과 우리가 이미 결의한 바와 같은 소규모 섬들로 제한되어야 한다.

한국과 일본 사이 오래된 경계는 어디인가? 그곳은 바로 현해탄이다. 일제 강점기에도 우리는 일본을 간다면 현해탄을 건너간다고 했다. 현해탄이 막연히 일본과 한국 사이의 바다, 대한해협이라고 알고 있는 사람이 있지만 현해탄의 지리적 위치는 쓰시마 해역의 일부인 후쿠오카

앞바다의 오시마 섬(大島)과 그 서쪽의 이키 섬(壹岐島) 사이 해역이다. 현해탄(玄海灘)의 '현해(玄海)'란 검은 바다, '탄(灘)'은 얕은 바다를 의미하며 대마도와 일본 본섬 사이에 현해탄이 있다.

이 지역에는 일본에서 한자로 '흑조(黑潮)'라고 쓰는 쿠로시오 해류가 흐르고 있는데, 쿠로시오 해류가 짙은 남색을 띠고 있기 때문에 아예 '검은 조류'라고 이름을 붙인 것이고, 바다색이 검다고 해서 '현해탄'이라 표현한 것이다.

이 대통령은 이해 12월 31일 대통령 연말 기자회견에서 거듭 "대마도는 우리의 실지(失地)를 회복하는 것이다. 대마도 문제는 대일 강화회의 석상에서 해결할 수 있으며, 일본이 아무리 억지를 부려도 역사는 어쩔 수 없을 것이다."라고 강력히 대마도 영유권을 주장했다. 이 같은 이승만 대통령의 요구는 약탈 문화재 반환 요구와 함께 한일회담 협상과 맞물리면서 6·25 직전까지 60여 차례나 이어졌던 것으로 밝혀졌다.

일본은 역사학회 고고학회 등으로 하여금 대마도에 관하여 왜곡하고 논문을 발표케 하면서 변명했다. 1950년 6·25가 발발하고 미소가 대립하자 일본은 '이때다' 하고 미국에 읍소 로비를 했고, 미국은 마침내 한국을 배제한 채 일본과 다음과 같이 전후(戰後)처리 (샌프란시스코협정)를 하였다. "일본은 한국의 독립을 인정하고, 제주도 거문도 및 울릉도를 비롯한 한국에 대한 일체의 권리와 소유권 및 청구권을 포기한다."라는 내용이다.

이 샌프란시스코 조약(1951)에서 미국은 독도와 대마도에 대해서는 영토 속국을 명백하게 하지 않은 것이다. 6·25 발발이 대마도 반환 걸림돌이 된 것이다. 이승만은 이에 불복하고 우선 평화선 선포를 통해 어족(魚族)보호 명분을 들어 독도만은 실효지배를 할 수 있도록 조치하였다. 2005년에 확인된 미국 국무부 외교문서에 따르면 1951년 4월 27일 한국 이승만은 대마도에 관해 다음과 같이 요구하고 있다.

> "한국은 일본이 대마도에 대한 모든 권리, 호칭, 청구권을 분명히 포기하고 그것을 한국에 돌려줄 것을 요청한다(In view of this fact the Republic of Korea request that Japan specifically renounce all right, title and claim to the Island of Tsushima and return it to the Republic of Korea)."

다음은 1948년 9월 10일 경향신문 이승만의 대마도 반환 요구 기사다.

> "과반(過般, 지난번) 이승만 대통령은 외국 기자와의 회견 석상에서 대마도가 한국에 소유임으로 반환을 요구하겠다고 언명한 바 있었는데 이에 대하여 일본정부는 역사상 근거가 없다고 논란한 바 공보처에서는 9일 이에 관하여 여좌한 담화로써 반박하였다. 얼마 전 외국 기자가 이 대통령을 방문하고 한국과 일본과의 과거의 모든 것을 청장(淸帳)할 조건을 물었을 때 그 조건의 하나로서 대통령으로부터 대마도가 한국의 구령(舊領)이니 일본에 그 반환을 요구한 것이라 하였다. 이것이 보도되매 일본 정부 책임자가 역사상 근거가 없다고 논란하였으나 대마도 문제는 역사적

근거가 확실한 것이니 대마도가 한국의 소재임을 누구도 부인하지 못할 것이다. 여기에 대해서 일본사람들은 공구심을 가질 필요가 없는 것이오. 또 일본외상이 대마도 문제에 대해서 미국사람들이 북미적색인(인디언)의 땅을 점령하여서 합중국을 세운 데 비유해서 말한 것은 아직도 일본사람들이 남을 모욕하는 악습을 버리지 못한 것을 표명한 것이다."

우리는 대마도(對馬島)를 그냥 대마도라 읽고, 일본사람들은 '쓰시마'라 읽는다. 대마(對馬)는 일본말로 '다이마'로 읽지 '쓰'로 읽지 않기 때문에 쓰시마로 읽을 수 있는 근거가 없다고 한다. 대마도는 크게 2개의 섬으로 이루어져 있다. 주변에는 109개의 작은 섬들이 포진해 있어 전망대에서 내려다보면 많은 섬들 사이에 마치 아름다운 호수들이 있는 듯해, 멋진 풍경을 볼 수 있다. 두 마리의 말이 마주 보는 형상이라 대마도로 부르게 되었다는 얘기도 있고, 한반도의 마한을 마주하고 있어 대마도로 불리게 되었다는 얘기도 있다. 전체 면적의 90% 이상이 산지이고, 농경지는 4%뿐이라 항상 곡식이 부족한 섬이었다. 식량의 70%를 조선에서 조달했다고 한다. 부산에서는 49.5km, 일본의 후쿠오카에서는 132km 떨어져 있다. 토질이 남해안의 거제도와 똑같고 한국의 섬들과 같은 지형에 속해있어 지진이 일어나지 않는 곳이다.

대마도는 역사적으로 우리의 영토다. 대마도에 164개의 고분이 있는데 대부분(143개)이 조선 사람들의 매장 문화에 따른 석관묘다. 그 부장품에서 말방울, 관옥 등이 나오고 있다.

5세기 아직기가 말 2필을 가지고 가기 전까지 일본 열도에는 말이 없었다. 일본은 대마도가 우리 땅이라는 사실을 숨기려고 독도가 자기네 섬이라고 우겨왔다. 대마도를 지키기 위해 독도에 우리의 시선을 꽂아 놓는 수법을 써 온 것이다. 일본 시마네현이 2005년 2월 22일, '다케시마의 날'을 제정하여 독도를 자기네 땅이라고 우겼다. 그러자 창원시 의회가 2005년 3월 18일 조례를 통하여 6월 19일을 '대마도의 날'로 제정하여 대마도가 한국 땅임을 주장하였다. 대마도에선 2012년부터 한국의 역사 지우기 작업이 시작되었다.

　　대마도 회복(반환) 문제는 우리 민족의 숙제다. 대마도를 우리 땅으로 회복하는 문제에 있어, 국제관례의 관점에서 아무런 제약이 없다. 1862년, 미국의 영토가 된 일본 남부 오가사와라(小笠原) 군도를 일본이 「삼국접양지도」를 통해, 미국으로부터 일본 영토로서 인정받고 반환받았던 국제적 사례가 있기 때문이다.

　　「삼국접양지도」에는 대마도가 한국의 영토로 표시되어 있다. 일본은 미·일 영토협상에서 1832년 클라프로토가 하야시 시헤이(林子平)의 삼국접양지도를 번역한 프랑스어판 지도를 제시하여 오가사와라를 일본령으로 만들었다. 1786년 일본인 하야시 시헤이(林子平)는 대마도, 울릉도, 독도를 비롯한 한반도 전체를 노란색으로 표기한 「삼국접양지도」를 제작하였다. 그런데 이 원본을 번역하여 클라프로토가 「삼국접양지도 프랑스어판」을 만든 것이다. 이 지도에는 오가가와라가 무인도로 표시되어 있고 대마도, 울릉도, 독도를 비롯한 한반도는 모두 노란색으로 표시되어 있다.

　　　　　　　　대한민국! 잃어버린 우리의 역사 문화 그리고 영토를 찾아서

| 클라프로트의 「삼국접양지도 프랑스어판」 (출처: 국토지리정보원 지도박물관)

1854년 일본은 미국과 개항으로 수교하게 되었다.

1862년 일본은 오가사와라제도에 대한 영유권을 미국과 다투게 되고 미국과 영토분쟁이 일어나자 일본정부는 하야시 시헤이가 그린 「삼국접양지도」를 내세웠으나, 영국과 미국 등 강대국이 일본 지도를 국제법상 공인지도로 인정할 수 없다고 했다. 그러자 일본은 클라프로트의 「삼국접양지도 프랑스어판」을 내세워 국제공인을 받아 미국의 영유권 주장을 물리쳤다. 이 지도를 통하여 일본은 독도뿐 아니라 대마도가 우리 한국의 영토임을 인정한 셈이 되었고 그에 상응하는 대가로 무인도로 표기된 오가사와라을 얻었다. 따라서 이 지도에 표시된 독도와 대마도의 영유권이 자동적으로 국제공인을 받는 계기가 된 것이다. 이는 일본이 대마도와 독도가 조선의 땅임을 미국과 영국을 통하여 확증한 것이다.

▌영국 지리학자 J. H. 케르놋이 그린 Japan & Corea 지도다. 이 지도에는 한국해협 (Strait of Corea) 안에 대마도가 그려져 있다. 독도와 대마도, 울릉도가 한국의 영토로 표기되어 있다. (출처: history archive)

대한민국! 잃어버린 우리의 역사 문화 그리고 영토를 찾아서

홍산 문화(紅山文化)

한민족의 고토에서 발굴된 요하 문명은 세계 4대 문명보다 1~2천 년이나 앞선 '제5의 문명'이다. '발해 연안 문명'이라고도 불리는 이 태고 문명은 인류 제천(祭天) 문화의 고향이요, 동서양 거석(피라미드) 문화의 원조이다. 이 문명의 주도세력은 몽골, 만주, 한반도, 일본으로 이어지는 북방계통으로, 중국의 동부 지역에도 큰 영향을 끼친 북아시아 공통의 시원 문화이며 신석기에서 시작하여 청동기시대까지 아주 오래도록 이어진 문명으로 볼 수 있다.

이 지역은 중국의 한(漢)족들이 오랑캐 지역이라고 멸시했던 만리장성 밖의 동북지방이며 우리의 조상 동이족이 오랫동안 살아온 터전이었다. 처음 발견되었을 때 중국의 어느 학자가 그것은 동이족의 한 갈래인 조이(鳥夷)의 문화라고 했다. 그러나 그의 주장은 현재의 중공 영토 안에서 일어났거나 일어나는 모든 것은 지나의 문화이고 지나의 역사이며 지나의 소유물이라는 해괴한 논리 속에 묻혀버렸다. 그러나 요하 문명은 우리 민족의 기원을 찾을 수 있는 곳이며 우리 조상이 세웠던 환국, 배달과 (고)조선 시대의 문화 유적임이 틀림없다.

요하 문명이라는 커다란 틀 속에 홍산 문화가 자리 잡고 있다. 요하 문명 전체가 우리 조상들이 기후의 변화에 맞추어서 옮겨 살았던 흔적들이며, 중국의 한(漢)족들은 만리장성 밖에서는 한 번도 살지 않았다. 그들은 만리장성 밖에 사는 사람들을 항상 오랑캐로 취급했다.

우리 민족의 배달 문화는 이웃 나라 중국의 한(漢)족 문화와는 완전히 다르고, 또 일본의 야마토 왜의 문화와도 다르다. 우리 민족은 온돌을 사용했다. 좌식(坐食, 坐式) 문화다. 야마토 왜도 좌식문화지만 그들은 온돌이 아니라 다다미를 사용한다. 한(漢)족은 아예 온돌문화가 없다. 그들은 입식(立式) 문화다. 요하문명 발굴현장에서 온돌의 흔적이 나오고 있다. 장례풍습 또한 다 다르다. 한(漢)족은 토광묘(土壙墓)를 사용하지만 우리 배달민족은 석관묘(石棺墓)와 목관묘(木棺墓)를 사용했다. 석곽묘나 석관묘는 발해연안 대능하유역의 홍산문화에서 시작했던 동이족의 고유한 묘제이다. 야마토 왜는 백제의 영향을 받아서 옹관묘(甕棺墓)를 사용해 왔다. 우하량 유적에서는 석관묘가 발견되고 옥(玉)이 나오고 상투를 고정시키는 옥고가 나왔다.

상투는 우리 민족의 고유한 머리 형태다. 우리는 천손 민족이기에 상투를 통해서 하늘의 정기를 받는다고 믿어왔다. 세계 고인돌의 80% 가 한반도와 만주, 지나의 동부지방에서 발견되고 있다. (고)조선과 고구려가 튼튼한 석성(石城)을 쌓은 것에 반해 한(漢)족은 토성(土城)을 쌓았다. 고구려 석성의 치(雉)는 요하문명 터에서도 발견되고 있다.

중국의 만리장성은 흙이나 벽돌로 쌓은 성이다. 우리 민족은 몸보신용으로 개고기를 즐겨 먹었다. 특히 여름에 허약해진 건강을 회복하기 위해 먹었다. 한자(漢字)에는 더운 복날을 뜻하는 초복(初伏), 중복(中伏), 말복(末伏)에 개 견(犬) 자가 모두 들어가 있다. 그래서 한자를 동이족의 나라, 은나라에서 처음 만들었다는 얘기도 있다.

집을 나타내는 집 가(家)를 보면 지붕을 표시하는 움집 면(宀), 아래 돼지 돈(豚)이 들어가 있다. 한(漢)족들은 돼지고기를 즐겨 먹지만 집에 서는 돼지를 절대 키우지 않는다. 반면 우리 민족은 집의 1층이나 지하 층에 뱀의 침입을 막기 위해 돼지를 키웠다. 뱀과 돼지가 천적이기 때문 이다. 옛날에는 뱀이 아주 많았다. 그러나 돼지가 있으면 어떤 뱀도 집 에 들어오지 못했다. 지금도 제주도에 가면 반지하에 돼지를 키우고 있 다. 왜 집(宀) 밑에 돼지가 있는지 중국의 학자들이 오랫동안 연구를 했 으나 답을 찾지 못했다고 들었다.

한자 태울 연(燃)이란 글자를 보면 불화(火)를 옆과 밑에 두고 고기 육 (肉)과 개 견(犬)을 붙여 놓았다. 동이족이 개고기를 불에 구워 먹는 모습 을 글자로 만들어 놓은 것이다. 인도의 남부 타밀족은 우리 민족과 같은 단어가 1,500개나 된다. 그들도 동이족처럼 음식으로 개고기를 즐겨 먹 는다고 한다. 또 배달민족의 무기에는 비파형 동검이 있었으며, 비파형 동검은 한반도와 고조선 강역, 그리고 지나의 동부지역에서만 출토되고 있다. 비파형 동검이 요하문명 지역에서 나오고 있음은 물론이다.

요하문명을 시기적으로 분류한다면 다음과 같다.

①		소하서(小河西) 문화	BCE 7000년~BCE 6500년
②	신석기 시대	흥륭와(興隆窪) 문화	BCE 6200년~BCE 5200년
③		사해(査海) 문화	BCE 5600년~BCE 5200년

④	신석기 시대	부하(富河) 문화	BCE 5200년~BCE 5000년
⑤		조보구(趙寶溝) 문화	BCE 5000년~BCE 4400년
⑥	신석기 · 청동기 병용	**홍산(紅山) 문화**	BCE 4500년~BCE 3000년
⑦		소하연(小河沿) 문화	BCE 3000년~BCE 2000년
⑧	청동기 시대	하가점(夏家店) 문화	BCE 2000년~BCE 1500년

① 가장 오래된 소하서 문화는 가장 빠른 신석기 유적으로 반지혈(半地穴)식 주거지가 있으며, 여러 가지 토기, 석기, 흙으로 만든 사람의 얼굴상 등이 발굴되었다. 최초로 빗살무늬 토기도 발견되었다. 빗살무늬 토기는 요하 일대와 한반도에서 대량으로 출토된 토기이다. 그 출토 지역은 유럽-중앙아시아-만주-한반도로 이어지며 황하 유역에서는 나타나지 않는다.

② 흥륭와 문화에는 157채의 집이 10채 단위로 줄지어 계획도시처럼 질서정연하게 배치되어 있고, 주위는 마치 해자(垓字)처럼 도랑으로 에워싸여 있다. 빗살무늬 토기와 옥결, 옥기가 발견되었다. 옥기는 압록강(鴨綠江) 서북쪽의 수암옥을 가져다 사용했는데, 같은 모양의 옥결(玉玦)이 한반도에서 발견되었다. 연해주, 두만강 유역, 한반도의 동해안과 남해안, 발해, 제주도에서 옥결이 나왔다. 또 바위 위에 무늬를 새긴 암각화가 발견되었는데, 중국에서는 이런 검파형, 방패형 문양을 가진 한국형 암각화가 발견되지 않았다.

BC 6000년. 신석기시대 주거지 150기

| 집이 10채 단위로 줄지어 배치되어 있고, 도랑으로 에워싸여 있다. 빗살무늬토기와 옥기가 발견되었다. (출처: youtube ⓒKBS역사저널그날)

③ 사해 문화에서는 돌로 쌓아놓은 용(龍) 형상의 석소룡(石塑龍)이 발견되었다. 길이가 19.7m나 되는데, 용을 자신들의 심볼처럼 여기는 중국에서는 이것을 중화제일룡(中華第一龍)이라 명명했다. 집단주거지 및 다양한 옥기, 빗살무늬 토기도 발견되었다.

④ 부하 문화에서는 가장 오래된 복골(卜骨) 및 석기, 골기(骨器), 빗살무늬 토기 등이 발견되었다. 부하문화에서 발견된 복골은 우리나라 여러 곳에서 발견되었다. 무덤 유적지에서 상투와 이를 고정하는 옥고가 발견되었다. 상투는 우리 민족의 고유 풍습이다.

⑤ 조보구 문화에서 처음으로 봉(鳳) 형상 토기가 나왔다. 이 외에도 영물도상(靈物圖像) 토기, 세석기, 빗살무늬 토기 등과 요서 지역 최초의 채색토기가 발견되었다.

⑥ 홍산 문화 유적은 중국 요령성 조양시 일대 동서 10km, 남북 5km 에 걸쳐 있다. 유적 한가운데 위치한 우하량에서는 무려 5500년 전에 세워진 여신 묘(廟)가 발굴되었다. 사람 크기의 여신상과 사 람의 2~3배 크기의 여신상들이 여러 방에서 발견되었다. 또 곰 의 발 모양 토기와 곰 형상의 옥(雄龍, 웅룡), 곰의 턱뼈도 나왔다. 우하량 유지 여신묘의 주신 옆에 보조 신격으로 흙으로 만든 실 제 크기의 곰이 모셔져 있고 또 우하량 유지에서 옥웅룡(玉雄龍)이 많이 발견되는데, 이들은 곰을 주토템으로 하고 있는 것이다.

우하량 제2지점에서는 3단으로 쌓아 올린 적석총(塚)과 3단 원형 제단(壇)이 발견되었다. 이는 국가 단계의 문명사회가 존재했으 며, 우하량이 당시 정치, 종교의 중심지이자 성지였음을 보여준 다. 적석총은 중국 중원에서는 거의 나타나지 않는 묘지 형태다. 적석총에서는 토기는 거의 나오지 않고 많은 옥(玉)이 발견되었는 데, 한 곳에서 무려 20점의 옥기가 나왔다. 옥의 가공은 많은 시 간의 수공이 필요하므로, 이 시기에 권력자와 전문 장인집단이 기능적으로 나누어진, 비교적 복잡한 사회가 시작되었음을 알려 준다.

적석총 바로 옆에 27기의 석관묘도 발견되었는데, 석관묘는 우리 민족 고유의 신석기·청동기 시대 묘제로 시베리아보다 약 2000년 앞선다고 한다. 청동주조 유물, 석기, 채색토기, 무문토기, 제사 용 토기 등도 발굴되었다.

| 우하량 제2지점의 방형(方形) 적석총 및 3단 원형제단 (출처: 牛河梁国家考古遺址公园博物馆)

⑦ 소하연 문화에서는 다양한 문양의 토기, 부호문자 토기, 석기, 세석기, 골기 등이 출토되었다.

⑧ 하가점 하층 및 상층 문화에서는 우리 민족의 고유 유물인 비파형 동검이 출토된다. 적석총 무덤에는 우리 민족의 고유 풍습이 담겨 있다. 무덤에 사용된 석관묘와 덮개돌은 이후 고인돌로 발전되었을 가능성을 보여주고 있다. 하가점 하층 문화는 홍산 문화를 계승한 것으로 볼 수 있는데, 적봉시(赤峯市) 성자산(城子山)에는 외성(外城)과 내성(內城)이 있고 성안에 232군데 건물터가 있다. 외성은 적을 방어하고, 내성은 중요한 곳을 지키기 위한 곳으로 보인다.

비파형 동검, 적석통, 석관묘, 치(雉)가 있는 석성, 대형 건물터, 옥기, 삼족(三足) 토기, 일상용 토기와 의례용 토기, 복골 등도 발굴되었다. 치가 있는 석성은 고구려 성의 특성인데, (고)조선에서 고구려로 전해진 것으로 보인다.

중국 길림대 조홍 교수가 하가점 하층 문화 지역서 나온 유골 134개로 인류학적 분석을 시도한 결과, 고(古)동북형이 2/3 이상을 차지했다고 한다. 요서 지역 고대인들의 2/3 이상이 우리 민족과 친연성이 있는 고동북형이라는 것은 이 모든 것이 우리 선조들이 이루어 놓은 문화라는 것을 말해주고 있다.

BC 2000년경 요하 문명 지역에서 수많은 성들이 건축된 것으로 보이며 요서 지역에서만 70개 이상의 성터가 발견되었다. 70개 이상의 성에는 많은 사람들이 살았을 것이고, 분명 성들을 관리하던 국가체제가 존재했을 것이다. 당시의 국가체제란 (고)조선밖에 없다. 『삼국유사』의 기록에 (고)조선 건국이 BC 2333년이라 나온다.

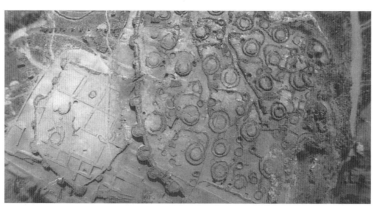

❙ 외성(外城)에 툭 튀어나온 치(雉)가 보인다. (출처: youtube ⓒKBS역사저널그날)

홍산 문화는 1935년 내몽고 적봉시(赤峰市) 홍산후(紅山後) 유적 발굴을 통해 전형적인 양상이 확인되었고, 여기에서 홍산 문화라는 이름을 얻게 되었다. 처음에는 적봉 제1기 문화라고 부르기도 하였지만, 1954년 홍산 문화라는 이름이 사용되기 시작하면서 이 명칭으로 고정되었다.

중국이 오랑캐의 땅이라고 욕을 하고 거들떠보지 않았던 만리장성 밖에서 찬란하게 일어났던 문명이었고, 중국이 동이족이라 부르던 한민족의 문명이었다. 제단(祭壇), 여신묘(女神廟), 적석총(積石塚)의 복합 문화 단·묘·총(檀·廟·塚)을 형성한 것이 홍산 문화의 가장 큰 특징이라고 할 수 있다.

홍산 문화를 고조선의 선대 문화로, 하가점(下家店) 하층 및 위영자(魏榮子) 문화는 고조선 시대의 문화로 볼 수 있다. 홍산 문화의 주인이 한국인의 조상인 근거로 적석총, 피라미드, 고인돌, 옥기, 옥 귀걸이, 곡옥, 빗살무늬 토기, 복골, 암각화, 천제 문화(천신단), 원통형 토기, 옥종, 삼족기, 용봉 문화, 상투용 옥고, 편발개수, 채도 문화, 옥누에, 온돌, 여신과 곰토템, 주문 읽는 남신상, 비파형 옥검, 비파형 동검, 치가 있는 석성 등을 들 수 있다. 이곳에서 여신상이 나왔고, 중국이 자신들의 심벌이라 여기는 용의 형상과 봉황새가 나왔다.

한국의 고대 문명은 중국의 황하 문명과는 분명히 다른 북방 문명과 알타이 문명에 뿌리를 두고 있고, 한반도 북부와 만주·몽골·시베리아·알타이 산맥 부근 중앙아시아로 이어지는 북방 기마 민족과 맥이 닿아 있다.[47]

47 러시아 유가이 교수

- 홍산 문화의 주인이 한국인의 조상인 근거

적석총, 피라미드, 고인돌, 옥기, 옥귀걸이, 곡옥, 빗살무늬 토기, 복골, 암각화, 천신단 등 천제 문화, 원통형 토기, 옥종, 삼족기, 용봉 문화, 상토용 옥고, 편발 개수, 채도 문화, 옥누에, 온돌, 여신과 곰토템, 주문 읽는 남신상, 비파형 옥검, 치가 있는 석성 등

- 홍산 문화가 우리 선조들의 문화라는 근거

중국 사람들이 오랑캐 지역이라고 멸시했던 만리장성 밖 동북 지방에서 출토되었다.

소하서 문화에서 최초로 빗살무늬 토기가 발견된 이후 요하 일대와 한반도 일대에서 빗살무늬 토기가 특징적으로 출토되었다.

흥륭와 문화의 옥을 비롯한 대부분의 옥이 압록강 서북쪽의 수암옥을 가져다 쓰고 있다. 거의 같은 시기에 같은 모양의 옥결(玉玦)이 한반도에서 다수 발견되었다.

부하 문화에서 발견된 복골이 우리나라의 여러 곳에서도 발견되었다.

무덤 유적지에서 상투와 이를 고정하는 옥고가 발견되었다. 상투는 우리 민족 고유의 머리 형태다.

우하량유지 여신묘의 주신 옆에 보조신 격으로 흙으로 만든 실제 크기의 곰이 모셔져 있었다. 우하량유지에서 옥웅룡(玉熊龍)이 많이 발견되었는데 즉, 이들은 곰을 주토템으로 하고 있었다.

하가점 하층, 상층 문화에서 우리 민족의 고유 유물인 비파형 동검이 대량으로 출토되었다.

적석총 무덤 석관묘와 덮개돌은 이후 고인돌로 발전했을 가능성이 있다.

하가점 하층 문화의 치(雉)가 있는 석성은 고조선, 고구려의 석성 형태다.

5

고구려 역사와 발해의 역사, 그리고 잃어버린 땅들

중국에서 동북공정을 하는 사람들은 만주가 현재 중국영토임에 기초하여 거슬러 올라가, 만주를 중국의 전통 강역이라고 주장한다. 중국 전통 강역에서 형성돼 활동한 민족과 국가는 모두 중국의 지방 정권이고, 변경 소수민족이라고 주장한다.

고구려도 조선 민족의 고대 국가가 아니라 한(漢)족에서 기원한 중국의 지방 정권이라 강변한다. 수·당의 고구려 공격이 대외침략 전쟁이 아니라 지방 정권을 중국 중앙에 통합시키려는 국내 통일 전쟁이었다는 것이다.

최근 중국은 고구려와 발해가 중국의 제후국이었다는 희한한 교과서를 만들어 배포하고 있다. 아래의 역사 연도에서 보듯이 누가 누구의 제후국이었던가? 고구려가 오랜 역사를 유지하는 동안 중국의 국가들이 수도 없이 사라졌는데, 그들의 제후국으로 700년 이상 사는 방법이 가능이나 한 것인가! 또 고구려의 왕들이 연호를 사용했는데, 연호를 사용하는 제후국이 있는가?

BC206~AD8	9~23	23~220	220~280	304~439		420~581	581~618	618~907	907~960
				5호16국		북조(北朝)			
전한(前漢)	신(新)	후한(後漢)	삼국(위, 촉, 오)	265~420 진(晉)		420~589	수(隋)	당(唐)	오대10국
				서진	동진	남조(南朝)			

BC108~	BC58~AD668		698~926
북부여	고구려(高句麗) 906년 (북부여의 원고구려 6세 181년+본고구려 28세 726년)		대진(발해) 258년

고구려는 역사적으로 동북아시아에서 단군조선 다음으로 만주 땅을 가장 크게, 또 가장 오래 차지했던 커다란 대국이었다. 또 다물(多勿), 융무(隆武), 건흥(建興), 명치(明治) 등 연호를 공표했던 당당한 황제국이었다. 광개토태왕의 태왕비에도 「영락(永樂)」이란 연호가 새겨져 있다.

고구려(BC 58~AD 668)가 700년 이상, 북부여 시대를 포함하면 900년 이상 만주 땅을 호령하는 동안 바로 이웃 지나에서는 수도 없이 많은 나라가 세워졌다가 사라졌다. BC 206년 진(秦)나라가 망한 후 전한, 후한 등 한(漢)의 이름을 가진 나라가 세워졌다가 사라지고 서진, 동진 등 진(晉)의 이름을 가진 나라와 5호 16국이 양립하던 시대가 출현했다. 이어서 북위, 동위, 서위, 북제, 북주의 북조(北朝)와 송, 제, 양, 진의 남조(南朝)가 양립하던 남북조시대를 거쳐서 수(隋)나라가 건국되었다가 28년 만에 사라지고 당(唐)나라로 이어졌다.

고구려는 서기 668년 당나라의 네 번째 침략으로 무너지고 말았지만, 그동안 지나의 이웃 나라들과는 많은 분쟁이나 전쟁이 있었다. 수나라 양제는 고구려를 침략했다가 눈에 화살을 맞고 그 후유증으로 죽는 바람에 나라까지 잃었다.

고구려 역사 705년 동안 지나에서는 35개의 나라가 만들어졌다가 사라졌는데 고구려가 지나의 지방 정권이었다고? 어느 나라의 지방 정권이었나? 태왕의 비문에는 광개토태왕이 하느님의 아들 '天帝之子'라고 적혀있다. 지방정권의 제후가 감히 하늘의 아들이라 비문에 적을 수가 있는 것인가! 『후한서』에도 '以十月祭大會. 名曰「東盟」(고구려는 10월이면 하늘에 제사 지내고 큰 모임을 갖는데 동맹이라고 불렀다)는 기록이 있다. 하느님의 아들이고 하늘에 제사를 지내는 국가는 절대로 제후국이나 지방정권이 아닌 황제국인 것이다.

김부식은 고려시대의 문신·학자이며 인종의 명령을 받아 역사서를 편찬, 체재를 작성하고 사론을 직접 썼으며, 1145년에 『삼국사기』를 완성하였다. 첫 장에 진삼국사기표(進三國史記表)라 적혀있다. 표(表)는 신하가 황제에게 올리는 글이다.

표문에도 폐하(陛下)라는 단어가 등장한다. 사마천의 『사기』처럼 『삼국사기』도 기전체로 기록되었다. 기전체란 계급을 나누어서 본기(本紀), 세가(世家), 열전(列傳), 지(志)로 나누어 기록하는 형식인데, 고구려, 백제, 신라는 모두 본기에 기록이 되어 있다. 고구려, 백제, 신라가 모두 황제국이었기 때문이다. 황제국이 어떻게 다른 나라의 제후국이 되는가?

황제국인 고구려가 당의 침략으로 무너진 후 고구려 유민들은 발해를 건국했다. 『구당서』에 "발해는 고구려의 별종이다"라고 기록하고 있다. 또 『구당서』에는 고구려의 인구를 짐작할 수 있는 기록이 있다. "지난날 고(구)려국은 176성(城), 69만7천 호(戶)였다"고 기록했는데, 호(戶)당 식구가 5명이라 가정하면 고구려에는 약 345만의 인구가 있었다. 이 중 고구려의 멸망 시 약 20~30만 명이 지나로 끌려가고, 15만이 돌궐 및 일본으로 이동했다고 보면 약 300만이 남아 있다가 발해를 건국한 것이다.

고구려가 망한 뒤에도 당나라는 고구려가 가졌던 성들을 다 차지하지 못했다. 『삼국사기』에는 압록강 이북의 항복하지 않은 성(城) 11개를 기록하고 있다. 성들의 이름은 북부여성, 절성, 풍부성, 신성, 도성, 대두산성, 요동성, 옥성, 백석성, 다벌막주, 막사성이다. 이들은 오랫동안 독립운동을 하다가 대조영과 함께 발해를 건국했다. 발해의 크기는 고구려 못지않게 아주 큰 나라였다.

중국은 현재 동북공정을 한답시고 '발해는 말갈인들이 건국했으며 당의 제후국이었다'고 중고 교과서를 만들고, 유네스코에 중국의 유물로 등재하려 하고 있다. 말갈은 한족이 고구려의 변방에 살던 시골 사람들을 부른 명칭으로, 모두 고구려 사람들이다. 말갈 지역 사람들과 고구려 유민들이 함께 건국한 나라가 발해다.

2009년 중국 과학원이 발행한 고고(考古)라는 잡지에 발해의 황후묘가 발굴되었다는 기사가 있었다. 상당수의 유적이 나온 것으로 알려졌으며 비석도 나왔는데, 비석에는 두 분의 황후 이름이 쓰여 있다고 했다. 효의황후(孝懿皇后)와 순목황후(順穆皇后)라고 한다. 순목황후는 간왕(簡王)의 황후 태(泰) 씨로 알려졌는데, 이것은 발해의 왕들이 황제(皇帝)

의 명칭을 사용했다는 증거다. 제후국이 황제와 황후의 명칭을 사용하는 것이 가능한가?

중국은 지금까지 그 유적들을 일반 사람들에게 공개하지도 않고 있으며, 근처에서 사진도 못 찍게 하고 있다. 또한 발해의 왕들은 대부분 연호를 사용했다. 연호를 사용한 나라는 황제국인 것이다.

상경용천부(上京龍泉府)는 발해의 마지막 수도이자, 가장 오랜 기간 발해의 수도였던 곳이다. 이곳에는 오봉루 뒤로 5개의 궁전이 있었다. 756년 발해 문왕 대흠무가 설계한 궁궐이라 한다. 중국의 어느 역사학자는 중국의 장안성을 모방하여 지은 것이라 하지만, 장안성의 가장 큰 궁전의 전면이 11칸인 데 비해 이곳 제2궁전은 전면 13칸과 후면 4칸으로 지어졌다. 어떻게 제후국의 궁궐이 황제국의 궁보다 크게 지을 수 있는가?

13칸의 궁궐을 가진 발해가 11칸짜리 궁궐을 소유한 당나라 제후국이었다는 것이 말이 되는가? 궁궐의 크기로 보면 당나라가 발해의 제후국같이 보인다. 이 궁궐은 황제국 고구려의 안학궁을 모방해 지은 것으로 알려지고 있다.

최근 지린성 문물고고연구소는 지린성 옌벤 마반촌이 대조영이 무리를 거느리고 동모산에 근거해 성을 쌓고 살았다는 발해 건국시기의 성과 관련이 있다고 밝혔다. 그동안 중국에서 동모산이 지린성 둔화에 소재한 성산자 산성으로 추정했던 것과는 완전히 다른 내용이다. 중국은 그동안 기존 추정 지역에 말갈족 요소가 강했다는 점을 들어 발해가 말갈족이 세웠다고 주장해 왔는데, 이번에 발견한 마반촌 산성은 당시에 완전한 고구려 지역이었다. 이번에 나온 유물들도 격자무늬 평기와

등 모두 고구려와 발해 초기 유물에서 발견할 수 있는 것들이었다.[48]

일본의 역사서 『속일본기(續日本記)』에도 백제 무왕이 일본에 보낸 국서가 기록되어 있다.

"우리 발해는 고구려 옛 땅을 수복하고, 부여의 유속을 이어받았다."

일제는 아래와 같이 『삼국사기』의 표문을 바꾸어 출판했다.

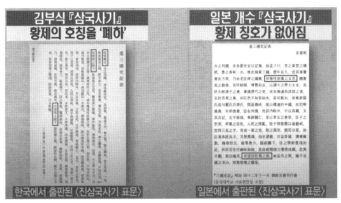

| (출처: youtube ⓒ상생방송STB)

다음은 '저우언라이 총리, 중국·조선 관계를 논의하다'라는 문서에 나와 있는 내용이다. 저우언라이 전 중국 총리가 1963년 6월 28일 북한의 조선과학원 대표단 20여 명을 만난 자리에서 발언한 내용이 외사공

---

48 youtube 잡식왕 〈중국이 목숨 걸고 숨겨온 사실 한국에서 전세계에 공개한 상황 "중국 만리장성은 한국땅이다!" / 중국 역사 완전히 뒤집는 대발견 대륙은 한민족의 영토였다〉

작통보에 기록되어 있다.

"동북공정은 한민족(韓民族) 최초의 국가인 고조선을 단군조선이 아니라 주(周)나라가 책봉했다고 주장하는 소위 기자조선(箕子朝鮮)이라고 보면서 고조선을 상·주 시대의 변두리 정권이라고 입을 보아 주장한다. 중국 역사학자들은 반드시 이런 사실을 인정해야 한다. 고대사를 왜곡했고 심지어 여러분의 머리 위에 조선족은 기자지후(箕子之後, 기자의 후손)라는 말을 억지로 덧씌우고 평양에서 유적을 찾아 증명하려는 무리한 시도를 하기도 했다. 이것은 역사 왜곡이다. 어떻게 이렇게 될 수 있단 말인가."

저우 총리는 한민족의 독립국가 고구려의 강성함과 수·당의 고구려에 대한 공격을 침략전쟁이라고 인정했으며 고구려의 명장(연개소문, 양만춘)이 당나라 침략군을 무찔렀음을 다음과 같이 지적했다.

"진·한 이후 중국이 빈번하게 랴오허(遼河) 강 유역을 침략했는데 이것은 전쟁이 실패하자 그냥 돌아왔을 뿐이지 분명한 침략이었다. 당나라도 전쟁을 치렀고 또 실패했으나 당신들을 무시하고 모욕했던 것이다. 그때 여러분 나라(고구려)의 훌륭한 장군들이 우리(당나라) 침략군을 무찔렀다." 저우 총리는 발해에 대해서도 언급했다. "징보(鏡泊)호 부근은 발해의 유적이 남아 있고 또한 발해의 수도였다. 여기서 출토된 문물이 증명하는 것은 거기도 역시 조선족의 한 지파(支派)였다."

대한민국! 잃어버린 우리의 역사 문화 그리고 영토를 찾아서

저우 총리의 설명을 더 들어보자.

"조선 민족은 조선반도와 만주 대륙에 진출한 이후 오랫동안 거기서 살아왔다. 랴호허(遼河), 쑹화(松花)강 유역에는 모두 조선 민족의 발자취가 남아있다. 이것은 랴호허 강과 쑹화 강 유역, 투먼(圖們) 강 유역에서 발굴된 문물, 비문 등에서 증명되고 있고, 수많은 조선 문헌에도 흔적이 남아있다. 조선족이 거기서 오랫동안 살아왔다는 것은 모두 증명할 수 있다.

만주족은 당신들을 계속 동쪽으로 밀어냈고 결국 압록강 두만강 동쪽까지 밀어냈다. 만주족은 중국에 공헌한 바가 큰데 바로 중국 땅을 크게 넓힌 것이다. 만주족 이전, 원나라 역시 매우 크게 확장했지만, 곧 사라졌기 때문에 논외로 치자. 한족이 통치한 시기에는 국토가 이렇게 큰 적이 없었다. 다만 이런 것들은 모두 역사의 흔적이고 지나간 일들이다. 어떤 일들은 우리가 책임질 일이 아니고 조상의 몫이다. 그렇지만 당연히 이런 사실은 인정해야 한다. 우리는 당신들의 땅을 밀어붙여 작게 만들고, 우리가 살고 있는 땅이 커진 것에 대해 조상을 대신해서 사과해야 한다. 그래서 반드시 역사의 진실성을 회복해야 한다. 역사를 왜곡할 수는 없다. 두만강 압록강 서쪽은 역사 이래 중국 땅이었다거나 심지어 고대부처 조선은 중국의 속국이었다고 말하는 것은 부끄러운 이야기다."[49]

---

49   youtube 문사 〈저우언라이周恩來의 고백, 고조선 고구려 발해사는 한국사다!〉

제7장

우리가 관심을 가져야 할 나라들

오키나와
류큐왕국

1977년 일본 도쿄에서 발견된 고려첩장불심조조(高麗牒狀不審條條)와 길속기(吉續記)에는 고려의 정예군이었던 삼별초(三別抄)가 "병력과 식량 지원을 일본에 요청하면서 서로 힘을 합쳐 원(元)나라 병사를 물리치자"라고 쓴 내용이 담겨 있다. 삼별초가 진도에서 여몽 연합군의 강력한 공세에 저항하던 1271년이었다. 일본은 아무런 답을 보내지 않았다.

고려 고종 18년(1231) 몽골이 압록강을 건너 침입해 오자, 고려 왕조는 이듬해 강화도 천도까지 감행하면서 40여 년 동안 끈질기게 대항했다. 원종 11년(1270), 마침내 원나라와 굴욕적인 강화를 맺고 개경(개성)으로 환도했다. 그러나 최

| 슈리성 정전(正殿)의 모습 (출처: wikipedia ©663highland)

정예 특전부대인 삼별초는 개경 환도를 끝까지 반대하고, 왕족인 승화후(承化候) 온(溫)을 임금으로 추대하고 원나라에 맞서 싸울 것을 결의하였다.

1270년 8월 삼별초는 선박 천여 척에 군량미와 병사들, 그리고 그 가족들을 태우고 전라도 진도로 거점을 옮겼다. 진도에 도착한 삼별초는 기존의 용장사를 궁전으로 개조하고, 주위에 산성을 쌓아 방비책을 갖추어 장기 항전의 태세로 들어갔다. 진도에서 거의 1년을 버텼으나 새로운 왕으로 옹립했던 지도자, 온(溫)이 전사하자 제주도로 후퇴했다.

삼별초는 명월포에 상륙하여 고성리에 항파두리성(抗坡頭里城)을 쌓고 궁궐, 관아 및 기타 방어시설을 갖추어가며 항전을 계속했다. 그러다 1273년 봄에 흔적도 없이 사라지고 말았다.

2007년 국립제주박물관에서는 '한라와 류큐 왕국'이라는 전시회가 열렸다. 오키나와와 제주도 등에서 출토된 유물 전시회였는데, 담당 학

대한민국! 잃어버린 우리의 역사 문화 그리고 영토를 찾아서

예사가 이상한 것을 발견했다. 오키나와 출토 수막새 기와와 진도 용장산성의 수막새 기와의 문양이 서로 같은 것이었다. 둘 다 고려의 기와 문양이었는데 오키나와에서 출토한 기와에는 '계유년 고려와장조(癸酉年 高麗瓦匠造)'라는 글자가 적혀있었다. 계유년이면 1213년, 1273년, 1333년 중 하나인데 1273년이라면 삼별초가 제주도에서 갑자기 사라진 해 아닌가.

'계유년 고려와장조(癸酉年 高麗瓦匠造)'라는 글자가 적힌 오키나와 기와는 우라소의 성터에서, 그곳 왕의 무덤에서, 또한 슈리 성터에서도 출토되었다. 제주도를 떠난 삼별초가 이곳으로 옮겨와 새로운 거주지를 세우려고 만든 것으로 추측된다.

오키나와에서 일본 열도 쪽으로 배를 타고 9시간 정도 가면 가고시마현 도쿠노시마에 도착한다. 이곳은 원래 오키나와 열도에 속한 곳이었는데, 1693년 류큐 왕국이 다섯 개 북부 섬을 일본에 빼앗긴 후 북쪽 섬들이 가고시마현 소속이 되었다고 한다.

도쿠노시마에서는 오래된 가무이야키 가마터 유적이 아주 많이 발굴되었다. 이곳에서 만든 도자기들이 11세기에서 14세기까지 300년 동안 오키나와 전역에 공급되었으며, 도자기의 물고기 뼈 문양(햇살 무늬)이 고려시대 도자기 문양과 아주 흡사하다고 한다. 그 시기 오키나와는 도자기 굽는 기술을 알지 못했다고 한다.

류큐대학 '이케다 요시후미' 고고학 교수는 "13세기 후반, 즉 1200년대 후반에 오키나와 사회는 큰 변화를 겪었다. 각지에 성을 축조하여 갑자기 100여 개의 성이 만들어지기 시작하고 그 뒤 점차 류큐 왕국으로 묶이는 움직임이 발생했다. 구스코의 석벽에는 고려의 기술이 도입되었을 가능성이 있다. 삼별초가 사라진 시기에 만들어진 구스코의 석벽은 일본 본토의 석벽과는 달리, 지형에 따라 탄력적으로 변화를 주면서 쌓았다. 이런 방법은 한반도의 고려 시대의 성 혹은 그 이전의 삼국시대 성의 축조방법과 매우 흡사한 것이다."라고 얘기했다.

류큐 열도는 12세기까지는 국가를 이루지 못하고 신석기시대에 머물렀다. 조개를 캐어 먹고 조개껍데기로 생활 도구와 장신구를 만드는 패총(貝塚) 시대였다. 13세기에 들어와서 농경이 본격화되고 인구가 급증하며 집단세력이 싹트기 시작했다. 이 시기부터 구스쿠(Gusuku, 御城)라는, 이전에 없던 성들을 쌓고 초기 국가체제가 형성되었다.

14세기에 우라수에 성에서 슈리 성으로 왕성을 이전하고 국가의 모습을 갖추어 나갔다. 15세기에는 명(明)과 일본과의 독점무역권을 따내고, 16세기에 대만, 베트남, 인도네시아 등과도 교역하면서 고려와 같은 해상왕국의 길을 열었다고 한다.

왕국 역사를 살펴보면, 13세기 전후의 섬이 북산, 중산, 남산 세 나라로 분리되어 삼국 또는 삼산 시대로 불렸다. 1429년 중산국의 상파지 왕이 삼국을 통일한 후 슈리성을 수도로 정하면서 류큐 왕국이라는 역사가 시작되었다.1590년 도요토미 히데요시가 조선을 침략하기 위해 사쓰마 번(현 가고시마현)에 군역 만오천 명을 요구하자, 사쓰마 번은 류큐 왕국에 군역 만오천 명을 요구했고 류큐는 거절했다. 이에 앙심을 품고 있던 사쓰마 번이 1609년 왕국을 침공, 류큐 국왕과 고위관리들을 사쓰마 번으로 압송했다. 국왕 일행은 압송된 지 2년 반 만에 류큐가 사쓰마의 속국임을 선언하고 귀환할 수 있었다.

일본 메이지 정부는 1872년 류큐 왕국을 일본의 류큐 번이라 했다가, 1979년 4월 4일 류큐 번을 폐지하고 오키나와현을 만들었다. 이후 강압적인 식민정책이 시행되었으며, 언어, 두발, 풍속과 생활습관까지 철저히 일본화가 되었다. 2차 세계대전 막바지 오키나와에서 일본과 미국의 치열한 전투가 석 달간 벌어졌을 때 몰려오는 미국인들을 막기 위해 오키나와에 살고 있는 류큐인들은 강제로 인간방패가 되어야 했다. 당시 일제는 주민들에게 집단자살 강요, 학살 등 잔혹한 행위를 저질러 섬 인구의 1/4가량인 12만 명이 목숨을 잃었다고 한다. 당시 일본은 천황을 위해서 목숨을 바치는 것은 좋지만, 절대로 항복은 안 된다고 강요했다.

오키나와는 지금도 일본 본토와는 다른 차별을 받고 있으며 일본에서 가장 낮은 시급을 받고 있다. 이곳에는 일본에서 가장 큰 미군기지가 있는데, 오키나와 사람들은 일본의 전쟁 책임 때문에 오키나와가 대신 희생된 것이라고 생각하고 있다. 최근에는 오키나와현 의원들 중심으로 독립운동 움직임이 시작되고 있다. 오키나와 지사에 출마를 선언한 한 정치인은 오키나와의 독립을 추구할 것이고, 독립 후에는 한국군을 끌어들여 독립상태를 유지해야 한다고 주장하고 있다.

- 오키나와의 한 주민이 한국인 관광객에게 오키나와 사투리로 어머니를 엄마로 부르며, 자기들은 한국이랑 비슷한 점이 아주 많다고 했다고 한다. 오키나와 사투리를 조사해 볼 흥미를 느끼게 한다.

- 오키나와 씨름은 샅바가 없고 일본의 스모와는 다르며, 한국의 씨름과 같다.

- 일본 가라데가 오키나와에서 나왔다. 고려 무인들이 연마했던 격투기 수박기가 삼별초에 의해 오키나와로 전해져 가라데가 되었을 가능성이 있다.

- 오키나와 성(城)들의 성격과 형태 그리고 구조들은 중국·일본에서는 찾아볼 수 없다고 한다. 오로지 고구려와 고려의 성곽에서만 나타나는 공간배치와 형식이다. 지형지물을 최대한 이용하여 병풍상의 곡선을 이루고 있고, 고구려의 전통으로 알려진 치(雉)와 옹성들을 그대로 본받고 있다.

- 오키나와 이전 국기에 태극무늬가 있다. 류큐의 만국진량(萬國津梁)이라는 종(鐘)에는 '류큐는 삼한(三韓)의 빼어남을 모아 놓았다(琉球國者而鍾三韓之秀)'는 글귀가 맨 앞에 나온다.

- 절굿공이 모양이 양쌍봉으로 한국과 같다. 일본은 망치형이다.

- 1950년대 한국전쟁 이전 한국 정부에서는 대마도와 함께 오키나와가 한국령이므로 국제사회에 오키나와 독립운동 및 영토반환을 촉구했다고 한다. 당시 오키나와는 일본 땅이 아닌 미국군의 점령지로 무국적 상태였기 때문에 당당하게 요구했다고 한다.

- 일본에 없는 족보 문화가 오키나와에는 존재하고 있다.

- 역사상 실존인물이기도 한 홍길동(1440~1510)이 강상죄(고위관리를 사칭하여 관리를 능욕한 죄)로 충청도에서 서울로 압송되어 의금부에 갇혀 있다가 1500년(연산군 6년) 11월에 남해 삼천리 유배형을 받아서 간 곳이 류큐 왕국 부근의 섬이라는 얘기도 있다.

티니안 아일랜드
(Tinian Island)

북 마리아나 연방은 사이판, 티니안, 로타 외 14개 섬으로 이루어진 미국의 보호령이다. 미국의 속령인 괌 (Guam) 바로 위에 위치한 북 마리아나 제도는 1521년 에스파냐 탐험가 마젤란이 처음 발견했다. 17세기에 '스페인령 동인도'의 일부 영토로 선포되었다가 미국-스페인 전쟁 이후 스페인이 팔라우, 캐롤라인과 함께

┃괌과 북마리아나 제도

이곳을 독일 제국에 매도하면서 독일령 뉴기니의 일부가 되었다. 이후 제1차 세계대전에서 독일이 패하자 일본 제국의 위임통치령인 남양 군도의 일부가 되어 일본은 이 지역 여러 섬에 군사 기지를 설치했다. 이 중 티니안 섬은 1914년부터 일본이 점령하여 대형 비행장을 건설했다.

일본은 비행장을 건설하기 위해 만 명 이상의 조선인을 노동자, 위

안부 등으로 강제징용해서 데려왔다. 당시 조선인들은 말할 수 없는 천대와 멸시를 당했다. 강제노동에 시달리다 죽으면 개죽음이었고 파리목숨이었다. 필자는 1986년 솔로몬 제도(Solomon Island)를 방문한 적이 있었는데, 그곳 비행장도 일제 강점기 조선인들이 끌려와서 건설했다고 했다. 얼마나 많은 우리 조선인들이 못된 일본놈들에게 끌려와서 목숨을 잃었고 또 수모를 당했는가 생각하면 눈물이 난다.

우리 대한민국은 다시는 나라를 잃어서는 안 되며, 비참했던 일들을 결코 잊어서도 안 될 것이다. 교육을 통해서 후손들에게는 이런 사실들을 계속 알려 나가야 할 것이다. 일본은 지금도 반성할 줄 모르며, 기회가 나면 욱일기를 흔들려고 하고 있다. 전쟁 후 독일이나 서구에서 어느 누구도 나치 깃발을 흔들었다는 이야기를 들어 본 적이 없다. 2차 대전 후 한반도가 아니라 일본열도를 미국과 소련이 나누어 통치했어야 했는데, 엉뚱하게도 한반도가 나누어지고 전쟁까지 일어났다. 대한민국이 그만하라고 할 때까지 일본은 끝없는 사죄와 반성을 해도 부족할 것이다.

티니안 아일랜드는 사이판에서 남서쪽으로 약 8km 떨어져 있고, 섬의 크기가 남북 20km, 동서 5km로 제주도 면적의 10% 정도이며 현재 약 3,000여 명의 주민이 살고 있다. 2차 대전 당시에는 미국·일본에 서로 놓칠 수 없는 전략 요충지의 하나로, 사이판(Saipan)과 함께 최대의 격

| 티니안 섬

대한민국! 잃어버린 우리의 역사 문화 그리고 영토를 찾아서

전지였다. 전쟁 막바지까지 수많은 조선인들이 일본에 의해 강제로 이 곳 마리아나 제도에 끌려와서 노동자와 전투병 등으로 착취를 당했으며 비행장 건설과 전쟁 도중에 5,000여 명의 조선인이 학살당했다. 전략적 요충지였던 마리아나제도의 이 섬은 1944년 7월 미군에 의해서 재탈환 점령되었을 때 일본군들은 후퇴하면서 조선 징용자를 죽이거나, 자살을 유도하였고 이때 일부는 동굴로 숨어 목숨을 구했다. 전후 남양군도 무인도에 버려진 조선인들은 대부분 굶어 죽었다고 한다.

미군과 끝까지 항쟁하는 가운데 이 총알받이에서 살아남은 조선인 강제징용자는 2,500여 명 정도였다. 절벽, 정글에 숨었다가 티니안 섬에서 미군에게 발견된 조선인은 2,300여 명, 중국인 4명, 차모르인 26명이었다. 운 좋게도 일본인들은 다 도망가고 난리를 치는 가운데, 조선인들은 26명의 원주민들 도움을 받았다고 한다.

이후 조선인들은 한인회를 만들고 자발적 봉사활동으로 미 군정에 적극협조했고, 미 군정은 이들에게 급여를 지급했다. 조선인들은 루스벨트 대통령에게 축하 헌금 USD 666(현재 가치 약 1,000만 원)을 보내고, 조선의 독립자금으로 USD 2,433.15(현재 가치 약 4억 원)을 호놀룰루 대한민국 국민회에 송금하기도 했다. 전쟁이 끝났음에도 이들은 돈이 없어 고국으로 돌아가지 못했고 현지인들과 결혼하여 가족을 이룬 게 오늘날까지 이어져 오고 있다. 주민 중 45%가 한국계로, 조선인들의 후손이며 Sing, King, Kioshin 등의 이름을 가지고 있다. 당시 미군이 잘 못 받아 적어 김은 King, 신은 Sing, 최는 Shai, 강은 Kioshin으로 바뀌었다. 성을 잘 모르는 사람은 Bokgi로 이름을 적은 것이 성이 되었다고 한다. 점령

후 미합중국 해군과 미합중국 육군이 이곳에 기지를 세웠다. 아이러니
하게도, 강제 징용으로 끌려간 조선인들이 건설한 비행장이 태평양 전
쟁을 종식시키는 역할을 담당했다.

미 육군 항공대의 B-29 비행기가 히로시마와 나가사키를 폭격한 원
자폭탄을 싣고 이 비행장에서 출격했다. 전쟁이 끝난 후 북 마리아나 제
도는 1975년 독립을 포기하고 미국의 해외령으로 들어갔으며, 1978년에
는 자치 정부가 수립되었다. 미국 정부로서는 바로 옆의 괌까지 묶어 하
나의 행정 단위로 만들고 싶어 하지만, 현지 주민들이 반대하고 있다고
한다. 같은 차모로족이어도 2차 대전을 겪으면서 한쪽은 미국 편, 한쪽
은 일본 편이 되어 주민들 간 사이가 미묘하게 안 좋기 때문이다.

전쟁 후 미군이 찾은 조선인 암매장터에는 5,000여 구의 유해가 있
었다. 티니안에서 발굴한 5,000여 구의 징용자 유해는 1977년 망향휴게
소 건너편 망향의 동산으로 옮겨졌다. 이때 생존자와 후손들 500여 명
이 한국을 다녀갔다. 당시 티니안에는 2,500명 중 500여 명의 강제징용
노동자가 생존해 있었다. 유튜브를 찾아보면 1995년 마지막 생존자 전
경운용의 증언이 나온다.

"일본인들은 아주 잔인했다. 먹을 것도 변변히 안 주고 많은 악
행을 저질렀다. 머리를 쳐들게 하고는 코에 물을 붓기도 했다. 조
센진은 가장 천대받는 이름이었다."

그러나 1977년을 마지막으로 우리는 그들을 완전히 잊고 있다. 2021

년, 선진국에 진입하고 있는 대한민국! 이들을 어떻게 어루만져 주고 따뜻하게 안아 줄 것인가. 국가는 장기적인 계획을 세우고 실행해 나가야 할 것이다.

제8장

어떻게 하면
역사광복을
찾을 수 있을까

(1) 일제 식민사관이 만든 왜곡된 역사를 바르게 정리하자

    ① 한사군의 위치 문제

    ② 임나일본부

    ③『삼국사기』초기불신론

    ④ 환국, 배달, (고)조선의 역사

(2) 중국 동북공정이 만든 엉터리 역사에 대한 대응

    ① 고조선의 강역

    ② 기자조선, 위만조선의 허구

    ③ 부여, 고구려, 발해 역사 등

    ④ 홍산 문화, 요하 문명

역사가 역사학자들의 전유물이 아닌, 책이나 인터넷을 통해 누구나 역사기록을 찾아볼 수 있는 시대가 되었다. 모두가 그렇게 생각한다, 비정하고 싶다, xx라고 말하는 것이 합리적이다라고 하는 등, 주관적이고 인위적인 결론은 배제하고 반드시 객관적인 역사기록만으로 상기 (1), (2) 사항을 강단사학자들과 재야사학자들이 연구하고 토론해서 국사편찬위원회와 함께 한국인의 실증사학을 만들어가자.

(3) 조직을 가진 재야사학 단체들은 중·고 교과서의 바르지 않은 내용을 지적하고, 출판사나 그런 내용을 제공한 단체를 고발함으로써 하나하나씩 시정해 나가는 운동을 펼치자. 개인의 블로그나 카페에도 잘못된 역사 내용이 게재된 경우가 아주 많이 있고, 유

튜브 강의 내용에도 그런 경우가 종종 있다. 반드시 역사적 자료에 근거한 댓글로 시정해 나가는 운동을 펼쳐보자. 역사적 근거를 가지고 하는 토론은 언제나 바람직하지 않은가?

(4) 우리나라는 국사 관련 국가기구가 참 많은 나라다. 국책기관으로 국사편찬위원회, 한국학중앙연구원, 동북아역사재단이 있다. 어떤 교수가 동북아역사재단 같은 곳은 없어져야 한다고 했다. 많은 예산으로 지도를 그려왔는데 독도를 그리지 않는 등, 그동안의 행적에 문제가 많다고 했다. 그 조직에 외무부에서 감독자가 파견되어 있는데, 역사를 연구하는 조직에 외무부가 간섭하면 무슨 연구가 되겠느냐고 했다. 국가의 세금을 받아먹으면서 나라를, 역사를 팔아먹는 단체나 개인은 반드시 응징해야 하고 없어져야 한다. 힘이 있는 시민단체의 운동으로, 또는 국민의 운동으로 역사 문제를 다루는 전문기관들은 정부가 간섭할 수 없는 조직이 되도록 만들어야 한다.

(5) 국민의 대표기관인 국회에도 바른 역사 연구회 같은 조직을 두어서 우리의 상고사, 고대사를 바르게 정립하게 하자. 일본의 돈을 받아먹고 우리의 역사를 파는 그런 자들은 사회에서 도태시켜야 한다. 일제 찬양 금지법, 역사 간첩 처벌법 같은 입법이 필요하다. 일본이나 중공의 돈을 받고 우리 역사를 팔아먹는 언론사, 사이비 학자들을 처단하는 법도 만들어야 한다.

대한민국! 잃어버린 우리의 역사 문화 그리고 영토를 찾아서

(6) 중·고 교과서는 국정이냐, 검정이냐의 문제보다는 실제 내용이 더 중요하다. 중요한 내용은 반드시 역사자료를 첨부케 하고 자유 발행제로 만들어 학생과 교사가 선택하도록 했으면 좋겠다.

(7) 국가 공무원이 되려면 반드시 역사를 공부하게 하고 국사시험을 치게 하자. 역사시험은 일률적인 객관식으로 하지 말고, 적어도 50% 이상은 관련 자료를 찾아보는 주관식으로 변경해 보자. 국가 자격증 시험에도 국사를 포함하는 방안을 모색해 보자.

(8) 중국은 우리의 역사와 문화를 가져가서 본인들 문화이고 본인들 역사라고 왜곡해서 세계에 알리고 있다. 다행히도 세계인들이 K-pop, K-food, K-culture 등에 열광하고 대한민국이라는 나라에 관심을 보이고 있다. 한국이 생산하는 반도체, 무기, 선박, 자동차, 가전제품 등에도 큰 호평을 보내고 있다. 세상에서 어떤 것이라도 갑자기 하늘에서 툭 떨어진 것은 없다. 모든 것은 오랜 역사, 전통, 문화에 바탕을 둔 우리 국민들 노력의 산물이다. 이 기회를 이용해 우리의 바른 역사와 자랑스러운 문화, 풍속 등을 세계인들에게 적극적으로 알려보자. 그렇게 함으로써 이웃나라의 역사침탈까지 바로 잡아 나갈 수 있을 것이다.

(9) 일본의 야스쿠니 신사는 세계 2차 대전의 전범들을 합사해놓고 정치인들이 가서 위령제를 지낸다. 전쟁을 일으킨 것을 반성하지 않는 행위를 우리는 혐오하고 비난하는 것이다. 그러나 야스쿠니

신사에 대해 비난만 하지 말고, 우리가 해야 할 일이 있다. 독립기념관을 활용하든지 해서 우리 순국선열들을 위한 위패 봉안실을 제대로 만들어야 한다. 독립운동을 하시다가 돌아가신 분들이 15만 명 이상이라 하는데, 현재 마련된 위패 봉안실이 겨우 54평이라 한다. 2만 평인 일본에 비해 너무 초라하다. 우리 순국선열들 가운데는 이름도, 후손도 없는 분들이 98%나 된다고 한다. 우리의 순국선열들을 제대로 찾아서 편히 모실 수 있는 방안을 찾아야 한다.

⑩ 한국학중앙연구원 같은 곳에는 홍산 문화, 요하 문명, 단군조선, 고구려 역사, 발해 역사 등 우리 선조들의 역사와 문화를 집중적으로 연구하는 조직을 만들어야 한다.

⑪ 우리 민족의 조상을 모시는 사당을 건립해서 후손들에게 조상을 숭배하는 정신교육을 해나가야 한다. 우리의 조상을 모시는 곳은 없고 남의 나라 장군을 모시는 동묘가 있는 것은 부끄러운 일이다. 동묘는 삼국시대 관우 장군을 모신 곳이다. 삼국시대가 뭐가 그리 대단한가? 오나라는 60년을 가지 못했고, 위나라, 촉나라는 50년을 가지 못했다. 우리 고구려는 700년을 갔고, 백제도 700년, 신라는 1000년을 갔다. 우리 조상들 중 훌륭한 군주, 훌륭한 장군들이 얼마나 많이 있는가? 우리 민족의 훌륭한 조상들을 모시는 사당을 건립하자.

광개토태왕릉비 비문 전문 해석

—

唯昔始祖鄒牟王之創基也出自北夫餘天帝之子母河伯女郎剖卵降
世生而有聖德 □□□□□□ 命駕巡幸南下 路由夫餘奄利大水,
王臨津言曰:"我是皇天之子母河伯女郎鄒牟王爲我連葭浮龜"應
聲卽爲連葭浮龜, 然後造渡

옛날 시조 추모왕(鄒牟王)이 나라를 세웠는데, 왕은 북부여 출신으로
천제(하느님)의 아들이었고 어머니는 화백(河伯)의 딸이었다. 알을 깨고
세상에 태어났다. 태어나면서부터 성스러움이 있었다. □□□□□□ 수
레를 명하여 순행하여 남으로 내려가는 도중에 부여의 엄리대(奄利大)
강을 거쳐 가게 되었다. 왕이 나루에 이르러서, "나는 천제의 아들이며
어머니가 하백의 따님인 추모왕이다. 나를 위해 갈대를 연결하고 거북
들이 떠오르도록 하라!"라고 명하였는데, 그 소리에 응답하여 즉시 갈
대가 연결되고 거북들이 떠올라 건너가게 되었다.

於沸流谷忽本西城山上而建都焉. 不樂世位, 天遣黃龍來下迎王.
王於忽本東, 黃龍負昇天. 顧命世子儒留王, 以道興治, 大朱留王,
紹承基業. 遝至十七世孫 國岡上廣開土境平安好太王 二九登祚
號爲永樂大王. 恩澤洽于皇天 武威振被四海. 掃除□□ 庶寧其業

國富民殷 五穀豊熟. 昊天不弔 卅有九寔駕棄國. 以甲寅年九月卅九日乙酉 遷就山陵. 於是立碑 銘記勳績 以示後世焉. 其詞曰.

비류곡(沸流谷) 홀본(忽本) 서쪽 산 위에 성을 쌓고 도읍을 세웠다. 왕이 왕위(王位)에 즐거움을 잃자, 하늘이 황룡을 내려 보내 왕을 영접하게 했다. 왕은 홀본 동쪽에서 황룡과 함께 하늘로 올라갔다. 세자로서 고명(顧命)을 이어받은 유류왕은 도(道)로써 나라를 다스렸고, 대주류왕(大朱留王)은 국가의 대업을 계승하였다. 17세손 국강상광개토경평안호태왕(國岡上廣開土境平安好太王)은 18세에 왕위에 올랐다. 칭호를 영락대왕(永樂大王)이라 하셨다. 그 은택은 하늘까지 적시고 위무(威武)는 온 세상에 떨치셨다. (왕이) □□를 쓸어 없애서 백성들이 그 생업을 평안히 하게 하였다. 나라가 부강해지고 백성이 넉넉하게 되고 오곡이 풍성하게 익었다. 하늘이 무정하여 서른아홉 살(412년)에 세상을 버리고 떠나셨다. 갑인년(414년) 9월 29일 을유(乙酉)일에 산릉(山陵)에 옮겨 모셨다. 이에 비를 세우고 훈적을 기록해 후세에 알리고자 한다. 그것은 다음과 같다.

- 17세손『삼국사기』에는 주몽(추모)의 13세손이라 나온다. 북부여를 건국한 해모수 단군의 둘째 아들이 고진이고, 고진의 손자가 불리지(고모수), 불리지의 아들이 주몽이다. 그러므로 광개토태왕은 해모수 단군으로 부터는 17세 손이 된다. 이를『환단고기』가 명확하게 알려주고 있다.
- 1998년 5월 광개토태왕비를 답사하여 탁본을 떴던 운초 계연수 선

생은 상기 □□를 仇耻(구치)로 판독하고 '원수와 치욕을 제거해서'
로 해석했다.

永樂五年歲在乙未. 王以稗麗□□□□ 躬率往討. 過富山負山 至
鹽水上 破其三部洛六七百營 牛馬群羊不可稱數. 於是旋駕 因過
襄平道 東來 □城,力城,北豊,五備□ 遊觀土境 田獵而還.

영락 5년(395년) 을미년이었다. 왕은 패려(稗麗, 거란의 한 부족)가 자주
변경을 침범하자 몸소 군대를 인솔하여 토벌하였다. 부산(富山), 부산(負
山)을 지나 염수(鹽水)의 상류에 이르러 3개의 부락, 6~700개의 영(營)을
격파하고, 노획한 소와 말, 양 떼 수는 헤아릴 수 없이 많았다. 이에 왕
이 행차를 돌려 양평도를 지나 동으로 □성(□城), 역성, 북풍(北豊), 오
비□(五備□)에 오면서 국경을 두루 살피며 사냥을 하고 돌아왔다.

• 운초 계연수 선생은 □□□□를 屢犯邊境(누범변경)으로 판독했다.
• 2005년 7월 방영된 KBS 역사 스페셜 '고구려 천하의 중심을 선포
  하다. 광개토태왕비'에는 몇몇 역사학자들의 현지답사 장면이 나
  온다. 부산(富山)이란 나무와 수풀이 우거진 의무려산을 말하고,
  다시 평원을 지나면 나무가 거의 없는 부산(負山)인 노노루산맥이
  나왔다. 다시 동몽골의 초원지대를 지나가면 시라무렌 강이 나오
  는데, 근처에 염전호수가 있어 대대로 소금을 채취해 온 곳이 있
  었고 마을은 염분 때문에 옥수수조차 재배되지 않는 지역이었다.
  그곳에서는 마을을 영자(營子)로 부른다고 했다.

百殘新羅舊是屬民由來朝貢.而倭以辛卯年來渡海破百殘□□新羅以爲臣民.

以六年丙申, 王躬率水軍, 討伐殘國. 軍□□首攻取寧八城, 臼模盧城, 各模盧城, 幹氐利城, □□城, 閣彌城, 牟盧城, 彌沙城, □舍蔦城, 阿旦城, 古利城, □利城, 雜珍城, 奧利城, 勾牟城, 古模耶羅城, 頁□□□□城, □而耶羅城, 瑑城, 於利城, □□城, 豆奴城, 沸□□利城, 彌鄒城, 也利城, 太山韓城, 掃加城, 敦拔城, □□□城, 婁賣城, 散那城, 那旦城, 細城, 牟婁城, 于婁城, 蘇灰城, 燕婁城, 析支利城, 巖門□城, 林城, □□□□□□□利城, 就鄒城, □拔城, 古牟婁城, 閏奴城, 貫奴城, 彡穰城, 曾□城, □□盧城, 仇天城, □□□□□其國城.

백잔과 신라는 과거 속민으로 조공을 해왔다. 왜가 신묘년에 바다를 건너와 백잔, □□, 신라를 격파하고 신민으로 삼았다. 영락 6년(396년) 병신년에 왕이 몸소 수군을 이끌고 잔국을 토벌하였다. (우리) 군은 영팔성, 구모로성, 각모로성, 간저리성, □□성, 각미성, 모로성, 미사성, □사조성, 아단성, 고리성, □리성, 잡진성, 오리성, 구모성, 고모야라성, 혈□□□성, □이야라성, 전성, 어리성, □□성, 두노성, 비□□리성, 미추성, 야리성, 태산한성, 소가성, 돈발성, □□□성, 루매성, 산나성, 나단성, 세성, 모루성, 우루성, 소회성, 연루성, 석지리성, 암문ㅁ성, 임성, □□□□□□□리성, 취추성, □발성, 고모루성, 윤노성, 관노성, 삼양성, 증□성, □□노성, 구천성 등을 공취(攻取)하고, 그 성들을 □□□□□.

- 운초 계연수 선생은 □□□□□其國城을 又分遣急圍其國城(우분견
  급위기국성)으로 판독하고 '또 군사를 나누어 보내 급히 그 도성을
  포위하였다'로 해석했다.

残不服義, 敢出百戰, 王威赫怒, 渡阿利水, 遣刺迫城, □□直突
□使國城, 而残主困逼, 獻出男女生口一千人, 細布千匹, 跪王自
誓, 從今以後, 永爲奴客. 太王恩赦先迷之愆, 錄其後順之誠, 於是
得五十八城村七百, 將残主弟幷大臣十人, 旋師還都.

　백잔은 의(義)에 복종치 않고 감히 전투에 나섰다. 왕이 매우 노하여
아리수(아랫강)를 건너 군사를 보내 성을 공격하였고, □□군이 소굴로
도망쳐 성을 포위하였다. 이에 백잔의 주인이 곤핍(困逼)해져 남녀 포로
1천 명과 세포(細布) 1천 필을 바쳐 항복하고 스스로 "이제부터 영원토록
노객(신하)이 되겠습니다."라고 맹세하였다. 태왕은 앞의 잘못은 은혜로
이 용서하고 뒤에 순종한 정성은 기특히 여겼다. 이때 58개의 성, 700개
의 촌을 얻었고, 백잔 주인의 동생과 대신 10인을 데리고 도성으로 개선
했다.

- 운초 계연수 선생은 □□直突□便國城을 橫載直突掠使國城(횡재직
  돌량사국성)으로 판독하고 '가로질러 끊고 곧장 돌격해서 군사들로
  하여금 도성을 공격하게 했다'로 해석했다.
- 『삼국사기』에 의하면 광개토태왕(당시 이름 '담덕')이 4만 명의 군사를
  거느리고 내려와서 백제의 10여 성을 함락시킨 시기는 진사왕(辰

斯王) 8년(393년) 7월이었고, 관미성이 함락된 것도 같은 해 10월이었다. 영락 6년(396년) 병신년에 왕이 몸소 수군을 이끌고 토벌했다는 백잔은 백제가 아니라, 대마도와 규슈에 있는 백제의 분국들이었다.

八年戊戌, 敎遣偏師, 觀帛愼土谷, 因便抄得莫□羅城加太羅谷, 男女三百餘人. 自此以來, 朝貢論事. 九年己亥, 百殘違誓與倭和通, 王巡下平穰. 而新羅遣使白王云, 倭人滿其國境, 潰破城池, 以奴客爲民, 歸王請命. 太王恩慈, 矜其忠誠, □遣使還告以□計.

영락 8년(398년) 무술년, 한 부대의 군사를 보내 식신(숙신, 말갈의 선조로 예상) 토곡을 순찰하도록 했다. 이때 막□라성(莫□羅城), 가태라곡의 남녀 3백여 명을 잡아왔다. 이때부터 (식신은) 조공하고 내부의 일을 여쭈었다. 영락(永樂) 9년(399년) 기해(己亥)에 백잔(百殘)이 맹서를 어기고 왜(倭)와 화통하였다. (이에) 왕이 평양으로 행차하여 내려갔다. 그때 신라왕이 사신을 보내어 아뢰기를, "왜인(倭人)이 그 국경에 가득 차 성지(城池)를 부수고 노객(奴客)으로 하여금 왜의 민(民)으로 삼으려 하니 이에 왕께 귀의(歸依)하여 구원을 요청합니다"라고 하였다. 태왕(太王)이 은혜롭고 자애로워 신라왕의 충성을 갸륵히 여겨, 신라 사신을 보내면서 (태왕의) 계책을 (알려주어) 돌아가서 고하게 하였다.

十年庚子, 敎遣步騎五萬, 往救新羅. 從男居城, 至新羅城, 倭滿其中. 官軍方至, 倭賊退. □□□□□□□來背, 急追至任那加羅

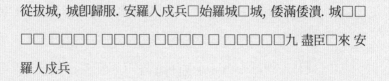

從拔城, 城卽歸服. 安羅人戍兵□始羅城□城, 倭滿倭潰. 城□□
□□ □□□□ □□□□ □□□□ □ □□□□□九 盡臣□來 安
羅人戍兵

10년(400년) 경자(庚子)에 왕이 보병과 기병 도합 5만 명을 보내어 신
라를 구원하게 하였다. (고구려군이) 남거성(男居城)을 거쳐 신라성(新羅城)
에 이르니, 그곳에 왜군이 가득하였다. 관군(官軍)이 막 도착하니 왜적이
퇴각하였다. (고구려군이) 그 뒤를 급히 추격하여 임나가라(任那加羅)의 종
발성(從拔城)에 이르니 성(城)이 곧 항복하였다. 안라인수병(安羅人戍
兵)…… 시라성 □성 …… 하였고, 왜구가 크게 무너졌다.

- 임나가라는 대마도다. 대마도를 임나라 했고, 임나에는 3개의 가
  라, 즉 좌호, 인위, 계지가라가 있었다. 임나가라의 종발성은 대마
  도 북단의 악포(鰐浦, 와니우라)에 비정된다.
- 운초 계연수 선생은 □□□□□□□來背, 急追至任那加羅의 □□
  □□□□를 官兵躡跡而越挾攻來背(관병섭적이월협공래배)으로 판
  독하고 '관병이 (도망간) 자취를 밟아 바다를 건너 협공을 하면서
  등뒤로부터 급히 추격하여 임나가라에 이르렀다.'로 해석했다. 또
  한 倭滿倭潰. 城□□□□ □□□□ □□□□ □ □□□
  □□九 盡臣□來을 倭滿倭潰. 城六被我攻(성육파아공) 盪滅無遺(탕
  멸무유) 倭遂擧國(왜수거국) 降(강) 死者十之八九 盡臣率來(진신솔래)
  로 판독하고 '왜적이 성에 가득했으나 왜적이 무너지니 성이 여섯
  번이나 우리의 공격을 받고 탕멸하여 남은 것이 없게 되었다. 왜

적이 드디어 나라를 들어 항복하니 죽은 자가 10명 중 8, 9명이고 모두 신하가 되어 복종하여 왔다'로 해석하였다. 또한 '□始羅城□城은 拔始羅城都城(발시라성도성)이다.', '안라인으로 지키게 하고 시라성과 도성을 빼앗았다'로 해석한다. 시라성은 규슈 대우국(大隅國)의 시라성(始羅城)으로 지금의 녹아도현(鹿兒島縣)의 압량군(始良郡)이 옛

| 고구려군 큐슈(九州) 진격로 (출처: 한韓문화타임즈 〈윤창열 교수의 『광개토태왕비문과 환단고기의 整合性(정합성)』 下〉)

시라군(始羅郡)이고, 도성(都城)은 궁기현(宮崎縣)의 남쪽에 있는 성이다. 이를 지도에 표시하면 다음과 같다.

• 안라인 술병(戌兵, 감시병)이 두 번 나온다. 첫째는 대마도 종발성이 항복하자 안라인으로 지키게 했고, 둘째는 시라성과 도성을 공취하고 안라인으로 지키게 했다.

滿假□□□敢□□□□□□□言□□□□□□□□□□□□
□□□□□□□□□□□辭□□□□□□□□□□□□□潰
□□□□安羅人戌兵.

• 계연수 선생은 滿假改慮倭欲敢戰與喙己香卓淳諸賊謀再擧官兵制先直取卓淳而左軍由淡路島 到但馬右軍 經難波至武藏 王直渡竺斯

諸賊悉自遺分爲郡國安羅人戌兵로 판독하고 '왜는 겉으로는 안 그런 척하면서 마음을 바꿔먹고 감히 싸우려고 해 탁기향(喙己香), 탁순(卓淳, 지금의 다구(多久))의 도적들과 다시 일어나려고 모의했다. 관병이 먼저 바로 탁순(卓淳)을 취하고 좌군은 담로도(淡路島, 아와지, 지금의 오사카 옆의 섬)를 거쳐 단마(但馬)에 이르고, 우군은 난파(難波)를 지나 무장(武藏)에 이르렀다. 왕께서는 바로 북구주(竺斯, 築紫)로 건너가시니 모든 적들이 스스로 무너졌다. 이를 나누어 군국으로 만들고 안라인으로 지키게 했다.'로 해석했다.

- 고구려군이 담로도(淡路島)를 거쳐 지금의 병고현(兵庫縣)을 치고 대판(大阪)과 동경(東京)까지를 공략한 내용을 담고 있다. 이를 지도에 표시하면 다음과 같다.

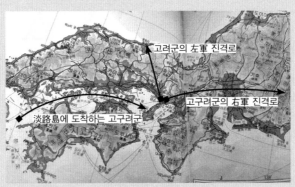

| 고구려군의 혼슈(本州) 진격로 (출처: 한韓문화타임즈 〈윤창열 교수의 『광개토태왕비문과 환단고기의 整合性(정합성)』下〉)

- 안 보이는 글자들은 거의 일제에 의해 훼손된 것으로 보인다. 일제가 광개토태왕비를 일본으로 가져가려고 시도했으나 너무 무거워서 포기해 버린 사실까지 있다. 다행히 계연수 선생은 일제가

훼손하기 전에 비석을 답사해 비문의 내용을 적었다.

昔新羅寐錦未有身來論事, □ 國上廣開土境好太王 □□□□寐
錦 □□僕 勾□□□□朝貢.

옛적에는 신라 매금(寐錦)이 몸소 고구려에 와서 보고하며 청명(聽命)
을 한 일이 없었는데, 국강상광개토경호태왕대(國岡上廣開土境好太王代)에
이르러 (이번의 원정으로 신라를 도와 왜구를 격퇴하니) 신라 매금이 …하여 (스
스로 와서) 조공(朝貢)하였다. (여기서 신라는 왜 열도의 분국임.)

十四年甲辰, 而倭不軌, 侵入帶方界. □□□□□ 石城□連船□□
□, 王躬率□□, 從 平穰□□□鋒相遇. 王幢要截盪刺, 倭寇潰
敗. 斬煞無數. 十七年丁未, 敎遣步騎五萬, □□□□□□□□□
師□□合戰, 斬煞盪盡. 所獲鎧鉀一萬餘領, 軍資器械不可稱數.
還破沙溝城, 婁城, □住城, □城, □□□□□城.

14년(404년) 갑진(甲辰)에 왜가 법도(法度)를 지키지 않고 대방(帶方) 지
역에 침입하였다. …… 석성(石城) (을 공격하고……), 연선(連船, 수군(水軍)
을 동원하였다는 뜻인 듯) …… (이에 왕이 군대를 끌고) 평양을 거쳐 (……로 나
아가) 서로 맞부딪치게 되었다. 왕의 군대가 적의 길을 끊고 막아 좌우로
공격하니, 왜구가 궤멸하였다. 참살한 것이 무수히 많았다. 17년(407) 정
미(丁未)에 왕의 명령으로 보군과 마군 도합 5만 명을 파견하여 …… 합
전(合戰)하여 모조리 살상하여 분쇄하였다. 노획한 (적병의) 갑옷이 만여

벌이며, 그 밖에 군수물자는 그 수를 헤아릴 수 없이 많았다. 또 사구성(沙溝城), 루성(婁城), □住城, □城, □□□□□城을 파(破)하였다.

- 운초 계연수 선생은 □□□□□□□□師□□合戰을 往討契丹城以太牢薦 師祭□合戰으로 판독하고 '가서 거란성을 치고 태뢰(훌륭한 음식)로 군제를 올린 후 연합하여 전쟁을 하였다'로 해석했다. 또한 사구성(沙溝城), 루성(婁城) 이후를 爲郡縣 降凡□ 又襲取凉州城으로 판독하고 '사구성, 누성을 격파하여 군현(郡縣)으로 삼고 범□를 항복받고 또 양주성을 습격하여 취했다'로 해석했다.

廿年庚戌, 東夫餘舊是鄒牟王屬民, 中叛不貢. 王躬率往討. 軍到餘城, 而餘□國駭□□□□□□□□□王恩普覆. 於是旋還. 又其慕化隨官來者, 味仇婁鴨盧, 卑斯麻鴨盧, 椯社婁鴨盧, 肅斯舍鴨盧, □□□鴨盧. 凡所攻破城六十四, 村一千四百.

20년(410년) 경술(庚戌) 동부여는 옛적에 추모왕의 속민(屬民)이었는데, 중간에 배반하여 조공하지 않게 되었다. 왕이 친히 군대를 끌고 가 토벌하였다. 고구려군이 여성(餘城, 동부여의 왕성)에 도달하자, 동부여의 온 나라가 놀라 두려워하여 (투항하였다). 왕의 은덕이 동부여의 모든 곳에 두루 미치게 되었다. 이에 개선하였다. 이때 왕의 교화를 사모하여 개선군(凱旋軍)을 따라 함께 온 자는 미구루(味仇婁) 압로(鴨盧), 비사마압로(卑斯麻鴨盧), 타사루압로(椯社婁鴨盧), 숙사사압로(肅斯舍鴨盧), □□□구로□□□鴨盧였다. 무릇 공파(攻破)한 성(城)이 64개, 촌(村)이 1,400이었다.

守墓人 烟戶 賣勾余民 國烟二 看烟三 東海賈 國烟三 看烟五 敦
城民 四家盡爲看烟 于城 一家爲看烟 碑利城 二家爲國烟 平壤城
民 國烟一 看烟十 □連 二家爲看烟 □婁人 國烟一 看烟
十十十三 □谷 二家爲看烟 □城 二家爲看烟 安夫連 十十二家
爲看烟 □谷 三家爲看烟 新城 三家爲看烟 南蘇城 一家爲國烟

왕릉을 지키는 수묘인의 연호(가(家)·호(戶)·연(烟)과 동일 개념)는, 매구
여민 중에서는 국연이 2家 간연이 3家 이고, 동해가는 국연 3 간연 5,
돈성민은 간연 4, 우성은 간연 1, 비리성은 간연 2, 평양성민은 국연 1
간연 10, □연은 간연 2, □루인은 국연 1 간연 43, □곡은 간연 2, □성
은 간연 2, 안부연은 간연 22, □곡은 간연 3, 신성은 간연 3, 남소성은
국연 1로 책정한다.

新來韓穢 沙水城 國烟一 看烟一 牟婁城 二家爲看烟 □比鴨岑韓
五家爲看烟 勾牟客頭 二家爲看烟 求底韓 一家爲看烟 舍蔦城韓
穢 國烟三 看烟十十一 古□耶羅城 一家爲看烟 □古城 國烟一
看烟三 客賢韓 一家爲看烟 阿旦城 雜□城 合十家爲看烟 巴奴城
韓 九家爲看烟 臼模盧城 四家爲看烟 各模盧城 二家爲看烟 牟水
城 三家爲看烟 幹氐利城 國烟二 看烟三 三彌□城 國烟一 看烟

새로 온 '한예' 중에서 사수성은 국연 1, 간연 1, 모루성은 간연 2, □
비압잠한은 간연 5, 고우객두는 간연 2, 구저한은 간연 1, 사연성 한예
는 국연 3 간연 21, 고□야라성은 간연 1, □고성은 국연 1, 간연 3, 객

현한은 간연 1, 아단성과 잡□성은 합하여 간연 10, 파노성한은 간연 9, 구모로성은 간연 4, 각모로성은 간연 2, 모수성은 간연 3, 간저리성은 국연 2 간연 3, 삼미□성은 국연 1, 간연 1로 정한다.

□□□□七 也利城 三家爲看烟 豆奴城 國烟一 看烟二 奧利城 國烟二 看烟八 □鄒城 國烟二 看烟五 百殘南居韓 國烟一 看烟五 大山韓城 六家爲看烟 農賣城 國烟一 看烟七 閏奴城 國烟一 看烟十二 古牟婁城 國烟二 看烟八 瑑城 國烟一 看烟八 味城 六家爲看烟 就咨城 五家爲看烟 彡穰城 十十四家爲看烟 散那城 一家爲國烟 那旦城 一家爲看烟 勾牟城 一家爲看烟 於利城 八家爲看烟 比利城 三家爲看烟 細城 三家爲看烟

□□□□7, 야리성은 간연 3, 두노성은 국연 1, 간연 2, 오리성은 국연 2, 간연 8, ㅁ추성은 국연 2, 간연 5, 백잔 남쪽에 거주하던 한은 국연 1, 간연 5, 대산한성은 간연 6, 농매성은 국연 1, 간연 7, 윤노성은 국연 1, 간연 22, 고모루성은 국연 2, 간연 8, 전성은 국연 1, 간연 8, 미성은 간연 6, 취자성은 간연 5, 삼양성은 간연 24, 산나성은 국연 1, 나단성은 간연 1, 구모성은 간연 1, 어리성은 간연 8, 비리성은 간연 3, 세성은 간연 3家로 한다.

國岡上廣開土境好太王 存時敎言 祖王先王 但敎取遠近舊民 守墓洒掃 吾慮 舊民轉當羸劣 若吾萬年之後 安守墓者 但取吾躬巡所略來韓穢 令備洒掃 言敎如此 是以如敎

대한민국! 잃어버린 우리의 역사 문화 그리고 영토를 찾아서

국강상광개토경호태왕이 생존했을 때 말씀하시길, '조왕(祖王)과 선왕(先王)께서는 여러 지방에 사는 구민(舊民, 본토민)들만 데려다 무덤을 지키고 소제를 맡게 하셨다. 나는 이 구민들이 차차 몰락하게 될 것이 염려된다. 만일 내가 죽은 지 1만 년 후, 나의 무덤을 수호할 자들은, 내가 돌아다니며 직접 데리고 온 한예(한족이나 예족)들에게만 수호 소제하는 일을 맡게하라'고 하셨다.

令取韓穢二百十十家 慮其不知法 則復取舊民一百十家 合新舊守墓戶 國烟十十十看烟三百 都合三百十十十家 自上祖先王以來墓上不安石碑 致使守墓人烟戶差錯 唯國岡上廣開土境好太王 盡爲祖先王墓上立碑 銘其烟戶不令差錯 又制守墓人自今以後 不得更相轉賣 雖有富足之者 亦不得擅買 其有違令 賣者刑之 買人制令守墓之

그렇게 말씀하신 대로, 한예 220가(家)를 데려오게 하였다. 그러나 이들이 예법을 잘 모를 것을 염려하여, 다시 구민(본토민) 110가(家)를 데려와 새로 온 사람과 전부터 있던 구민을 합치면 무덤을 지키는 국연과 간연의 세대는 국연이 30가(家)이고 간연이 300가(家)로, 모두 합해 330가(家)이다. 옛날 조왕(祖王) 선왕(先王) 이래로 능묘에 비석을 갖추지 못하여 무덤을 지키는 연호들이 잘못하는 사태가 생기게 되었다. 국강상광개토경호태왕은 조왕(祖王) 선왕(先王)의 무덤에 모두 비석을 세워 그연호들로 하여금 착오가 일어나지 않도록 명령하셨다. 또 제도를 제정하여 지금부터 수묘인에 대해서는 서로 팔아넘기지 못하게 하셨고, 아무리 부유한 사람일지라도 마음대로 사 가지 못할 것이며, 만일 이 법령을 위반하고 파는 자는 형(刑)에 처하며, 사는 자는 법령을 정하여 그로 하여금 무덤을 수호하게 할 것이다.*

※ 이 내용은 계연수 선생의 제자 이유립 선생의 『대배달민족사』라는 책에 '비문징실(碑文徵實)'이란 제목으로 수록되어 전해지고 있다. 계연수 선생은 독립투쟁 중 일경에게 붙잡혀 재판도 없이 사지가 잘린 채 압록강에 던져졌다. 계연수 선생은 예부터 전해오던 두 권의 『삼성기』, 『단군세기』, 『북부여기』, 『태백일사』 등 다섯 사서를 묶어 『환단고기』라는 우리 민족의 옛 기록인 자랑스러운 역사서를 엮어내신 훌륭하신 분이다.

---

* 이유립 선생의 『대배달민족사』라는 책에 수록된 '비문징실(碑文徵實)'에 관련된 내용과 지도는 모두 대한사랑 제공, 윤창렬 교수의 유튜브 대한사랑의 〈운초 계연수 선생의 놀라운 업적4 광개토태왕 비문을 일제가 훼손하기 전의 무술등본을 바탕으로 138자를 복원했다 | 윤창렬 교수〉에서 발췌한 것임을 알린다.

대한민국! 잃어버린 우리의 역사 문화 그리고 영토를 찾아서

독도는 대한민국의 섬이다

—

독도는 한반도 동쪽 끝에 위치한 대한민국의 아름다운 섬이다. 동도, 서도 등 크게 두 개의 섬과 89개의 크고 작은 바위들로 이루어져 있으며, 대한민국 천연기념물 336호다.

| 독도 (출처: K독도, Photo by 김종권)

독도가 한국 고유의 영토라는 최초 기록은 신라(新羅) 이사부 장군이 서기 512년에 우산국을 정벌했다고 『삼국사기』「신라본기」 지증왕 13년 조에 나타난다. 일부 일본 학자들이 여기서 우산국이란 울릉도만 해당한다고 주장하지만, 『세종실록지리지』에 "우산과 무릉 2개의 섬이 울진현의 정동 쪽 바다 가운데 있다. 두 섬은 거리가 멀지 않아 날씨가 맑으

면 바라볼 수 있다. 신라 때는 우산국이라 불렀다"라고 기록하고 있다. '무릉'은 울릉도, '우산'은 독도의 옛 이름이다.

이와 같은 두 섬의 기록은 『고려사 지리지』와 『동국여지승람』, 『성종실록』, 『숙종실록』 같은 역사자료들에서 나타나고 있다. 최근에 발견된 자료로는 조선 후기의 학자인 박세당(1629~1703)의 『서계잡록』이 주목된다. 여기서 박세당은 "우산도는 지세가 낮아 날씨가 매우 맑지 않거나 최고 정상에 오르지 않으면 (울릉도에서) 보이지 않는다"라고 기록했다. 이것은 '우산도'가 독도가 아니라 울릉도이거나, 을릉도와 인접한 섬인 죽도·관음도라고 주장했던 일본 측 일부 학자들의 주장을 뒤집는 것이다. 죽도와 관음도는 날씨가 흐리거나 정상에 오르지 않아도 충분히 볼 수 있는 섬들이다.

일본은 1618년 요나고(米子) 주민이 돗토리(鳥取) 번주로부터 울릉도 도해(渡海) 면허를 받은 뒤로 일본인이 독도를 정박장으로 삼아 17세기 중엽까지 독도 영유권을 확립했다는 고유 영토론을 펼친다. 그러나 '도해 면허'란 외국에 나가 고기잡이를 할 때 발급했던 것으로, 오히려 울릉도·독도를 일본 영토로 인식하지 않았다는 증거가 된다.

1667년에 편찬된 『은주시청합기(隱州視聽合記)』는 일본에서 독도를 처음으로 기록한 문헌인데, 여기서 울릉도·독도는 고려의 영토이며 일본의 서북쪽 경계는 오카시마(隱祉島)를 한계로 한다는 것을 명확히 했다.

1696년 울릉도와 독도 부근으로 고기잡이를 나갔던 안용복(安龍福)은 일본 어선을 발견하고 쫓아낸 뒤, 이들을 추격해 일본 호키주(伯耆州) 태수, 대마도주와 담판을 짓고 울릉도·독도가 조선 영토임을 확인받았다. 이어 1699년 일본 막부의 최고 책임자인 관백(關伯)이 대마도주를 통해

이를 재확인하는 외교문서를 보내왔다. 이 같은 상황은 19세기 말까지도 달라지지 않았다. 1870년의 일본 측 보고서 「조선국 교제시말내탐서(朝鮮國交際始末內探書)」에는 '송도(松島·독도)는 죽도(竹島·울릉도)의 속도(屬島)'라고 쓰여 있다. 그 당시 일본 측의 '죽도'는 독도가 아니라 울릉도를 부르는 명칭이었다.

1905년 1월 28일 일본 정부는 국무회의를 열어 '독도를 무명(無名), 무주지(無主地)로 규정, 울릉도의 이름이었던 죽도(다케시마)를 독도의 이름으로 하여 시마네현 오키섬으로 비밀리에 편입'하고자 하였다. 그러나 독도는 무명, 무주지가 아니라 이미 '우산도(于山島)'라는 이름을 가지고 있었고, 조선의 소유였다. 1904년 9월 25일 일본 군함 니타가(新高) 항해 일지에는 '韓人之を獨島と書し, 本邦漁夫等略しリアンコ島と稱せり'라 적혀있다. 이 기록은 〈일본 국립공문서관 소장 자료〉에 있는 자료이며 해석하면 '한인은 이것을 독도라 쓰고, 본방어부(일본어부) 등은 줄여서 리안코 섬이라 부른다'이다.

일본 군함 니타가가 지나가다가 독도를 처음 발견하고 누구에게 물어본 것을 '군함일지'에 기록해 놓은 것이다. 리안코란 이름은 1849년 프랑스 선박이 지나가다가 독도를 발견하고 '리앙쿠르 락스(Roks)'라고 명명한 것에서 나왔다고 한다. 어찌 되었든 1904년 한국에는 '독도'라는 이름을 쓰고 있었고 이것이 일본의 국립공문서 기록에도 있는데, 일본이 이 섬을 1905년 무명, 무주지로 규정한 것은 허위 주장에 불과한 것이다.

최근 일본은 또 다른 주장을 펼치고 있다. '일본의 고유 영토로서 계속 영위해 온 다케시마에 대한 일본의 영유권을 1905년 국제법상 재확인'했다는 것이다. 그러나 재확인은 허위에 불과하다. 일본이 1905년 이전의 역사에서 독도를 일본의 영토로 확인한 사실이 없기 때문이다. 반면 한국의 고유영토라는 증거는 부지기수로 많다. 1454년 나온『세종실록지리지』에도 "우산(독도)와 무릉(울릉도) 두 섬은 현(울진현)의 바로 동쪽 바다 중에 있다. … 날씨가 맑으면 볼 수 있다."라고 쓰여 있다.

17세기, 울릉도를 우연히 발견한 돗토리번 어부들은 울릉도와 오키 섬 사이를 오고 가다가 독도를 발견하고 울릉도를 죽도(竹島, 다케시마), 독도를 송도(松島)라고 불렀다. 울릉도에 대나무가 많이 자라고 있었기 때문이다.

1696년 일본에 간 안용복은 일본 관리들에게 울릉도와 독도는 강원도 소속이라고 얘기했고, 이는 일본 중앙 정부에도 보고가 되었다. 이때 돗토리번은 울릉도(다케시마)와 독도(마쓰시마)가 자신들의 영지가 아니며 일본의 어느 지방에도 소속되지 않는다고 보고했다. 이에 에도막부는 1696년 죽도(울릉도)와 송도(독도) 도해(渡海) 금지령을 내렸다.

1877년 메이지 시대에도 일본 정부는 조사 후 '독도는 일본과는 무관한 섬'이라는 결정을 내린 기록이 있다. 그것은 일본 메이지(明治) 정부의 태정관(太政官) 지령(指令)이었다. 1877년 메이지(明治) 정부의 최고 행정기관인 태정관(太政官)에서 '울릉도 외 1도(독도)는 일본과 관계없음을 명심할 것'이라는 지시를 내무성과 시마네현에 내렸다. 대한제국의 고종황제는 1900년 10월 25일 '칙령 제41호'를 통해 '울릉군의 관할구역은 울릉 전도와 죽도(竹島·울릉도 동쪽 2km쯤에 있는 섬), 석도(石島, 독도)라고 밝히고 중앙관보에도 수록했다.

일본의 역사학자 시네마대 명예 교수 나이토 세이추는 그의 저서 『일본 외무성의 다케시마 비판』에서 "일본 정부가 독도에 대해 영유권을 주장하는 것은 전혀 근거 없는 억지다"라고 정면으로 비판했다. 그의 연구결과에 따르면 일본이 독도의 존재를 알게 된 것은 1695년 에도시대에 막부 정부와 돗토리번의 교류에서였고, 그해 12월에 막부와 돗토리번 사이에 독도 논의가 있었을 때 막부 정부는 독도가 일본령이 아니라고 명백한 결론을 내렸다는 것이다. 17세기에 이미 결론이 나 있었다는 것이다.

1905년 일본은 대한제국을 놓고 러시아와 전쟁 중이었다. 러시아해군과 싸울 때 독도를 중요한 군사시설로 이용해야 할 필요성을 절감하고, 일본은 지방정부의 고시 40호를 일방적으로 작성, 독도를 다케시마로 칭하며 영토편입을 시도했다. 1905년 1월 28일 내각회의에서 독도를 무명(無名), 무주지(無主地)로 전제하고 일본 영토에 편입하기로 결정했다. 이때 독도 편입을 중앙관보에 게시하지 못하고 시마네(島根)현의 현보(縣報)에 몰래 고시했으며, 관계국인 대한제국에 통보조차 하지 않았다. 독도는 무명도 아니었고 무주지도 아니었다. 당시 대한제국은 을사늑약으로 이미 일본에 외교권을 빼앗겨 버린 후였고, 러일전쟁에서 승리한 일본은 1910년 우리나라를 강제로 병합하고 식민지로 삼아버렸다. 1943년 카이로선언에서 '침략으로 취득한 영토는 무효'라고 했다. 1945

년 8월 포츠담 선언이 있었다. 우리가 광복을 맞이했을 때는 모든 것이 해방되었다. 일본은 카이로선언을 포함한 포츠담 선언을 무조건 수용하는 조건으로 항복한 것이다.

그런데도 오늘날 일본은 독도가 자기들 땅이라고 우기고 있다. 해마다 2월 22일이 되면 일본 시네마현에서 다케시마는 일본 땅이라는 주장을 되풀이하고 있다. 국가의 백년대계에 입각해 국민 전체가 힘을 합쳐 대응해야 하는 과제라고 헛소리를 하고 있는 것이다.

최근에 들어와서는 일본 극우파들이 초등학교와 중학교 교과서에 다케시마(독도)가 일본 땅이라고 집어넣게 하여, 어린 학생들에게도 잘못된 사실을 배우게 하고 있다. 한국에게 적개심을 부채질하는 교육을 정부가 일부러 만들고 있는 것이다. 그들은 무엇을 원하는가? 어린아이들이 자라서 독도 때문에 전쟁이라도 하게 만들고 싶은 것인가?

일본 극우파들은 과거의 잘못을 사죄하기는커녕 반성조차 제대로 하지 않고 있다. 틈만 나면 한국을 다시 괴롭힐 궁리만 하고 있는 것이다. 세계 2차 대전 도중에 일본은 한국, 만주 그리고 동남아에서 얼마나 나쁜 짓을 많이 했는가? 한국을 식민지화하는 것을 시작으로 중국 등 아시아 각국을 침략하고 남경대학살, 731부대 등의 대량 학살을 일삼았고 또 종군위안부를 조직하여 한국, 중국, 대만 등 아시아 여성들의 인권을 무수히 짓밟았다.

독일은 1939년 9월 1일, 히틀러가 폴란드를 침략하는 것을 시작으로 무려 5년 8개월 동안 세계를 유례없는 참혹한 전쟁 속으로 끌어들였다.

전쟁 기간 중 600만 유대인을 포함해서 약 5천여만 명이 목숨을 잃었다. 폴란드의 아우슈비츠를 방문한 적이 있다. 그곳은 수많은 유대인들이 아무런 잘못도 없이 단지 유대인이란 이유만으로 잡혀 와 독가스실로 들어가 죽음을 맞이했던 곳이다. 입구에는 '일을 하면 자유를 얻는다 (Arbeit macht frei)'는 구호가 그대로 붙어 있었지만, 그곳은 죽어야만 자유를 얻는 곳이었다.

전쟁이 끝나고 독일은 침략한 주변 국가에 대한 사죄와 보상 등 과거 극복을 충실히 한 점에서 어느 정도 높이 평가받고 있지만, 이에 반해 일본은 과거 청산은 물론, 반성도 제대로 하지 않음으로써 국제 사회에서 비난을 면치 못했다.

독일에서는 나치의 전쟁 범죄가 철저히 추궁되었던 것에 반해, 일본에서는 예상치 못한 중국의 공산화로 일본이 미국의 냉전 정책에 편입되어 천황의 전쟁 책임과 식민지 지배 등에 대한 추궁을 피해 나갈 수 있는 조건이 만들어졌다. 일본은 피해를 끼친 아시아 나라들에 사죄하고 관계를 개선하는 것보다 전승국인 미국의 경제에 종속적으로 결합하는 길을 걸었다. 도리어 히로시마와 나가사키의 '원폭 체험'으로부터 전쟁의 '피해자 의식'까지 형성되었다.

2천만에 이르는 타국의 희생자보다 3백만 일본인 희생자에 대한 추모가 먼저 이루어져야 한다는 주장도 나왔다. 종군위안부 성노예 문제나 난징 대학살은 날조로 간주하거나 무관심의 대상일 뿐이었고, 히로시마 원폭 피해 기념관만 진정한 기억의 장소로 여기게 되었다. 그러다 한국에서 6·25 전쟁이 터지자 만세를 불렀다. 일본의 경제 회복이 급속도로 이루어지게 되었다. 경제가 회복되자 일본이 일으킨 제2차 세계대전은 침략전쟁이 아니라, 서구의 침략을 받은 '대동아'를 지키기 위한 방어 전쟁으로 변질하기 시작했다. 군국주의적 야욕을 아시아의 구원이라는 가면으로 뒤집어씌웠다.

2019년 7월 이영훈 전 서울대학교 교수 외 다섯 명이 《반일 종족주의(反日種族主義)》라는 책을 출간했다. 한때 베스트셀러가 되기도 했고, 일본에서도 번역 출간되어 40만 부 이상의 판매고를 기록하며 화제와 돌풍을 몰고 왔다. 한국인의 잘못된 역사 인식이 국가 위기를 낳았다고 주장하여 한편에서는 열띤 호응을 받았으나, 다른 한편에서는 말도 안 되는 미친 주장이라는 거센 반발이 제기되었다. 2020년 5월에는 후속작 《반일 종족주의와의 투쟁》이 출간되었다.

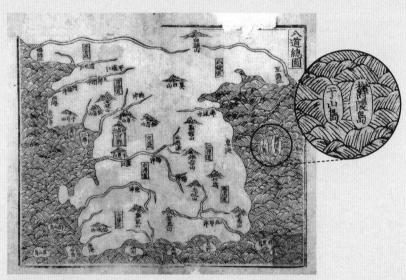

❘ 신증동국여지승람(팔도총도) (출처: 서울역사아카이브)

대한민국! 잃어버린 우리의 역사 문화 그리고 영토를 찾아서

아래 내용은《반일 종족주의와의 투쟁》출간 이후 첫 반박서로 전강수 선생이 2020년 7월 출간한《반일 종족주의의 오만과 거짓》이란 책에 나오는 내용 일부이다. 전강수 선생은 이영훈 교수와 동문수학한 경제학자이다.

《반일 종족주의》는 1990년대부터 시작된 안병직 사단의 사상적 우경화가 도달한 종착점이다. 이 책에서 필자들은 일제의 식민지 수탈 자체를 부정한다. 그뿐만 아니라 책 곳곳에서 "위안부 생활은 그들의 선택과 의지에 따른 것이지, 강제 동원은 없었다", "독도가 한국 영토임을 증명하기 위해 국제사회에 제시할 증거는 하나도 없다", "한국은 일본과의 청구권 협상에서 애당초 청구할 것이 별로 없었다" 등의 극단적인 주장을 펼친다.《반일 종족주의》에 쏟아진 여러 비판에 반론하는《반일 종족주의와의 투쟁》은 새로운 사실과 방어 논리를 제시하면서 이전 책보다 주장이 한층 교묘해졌다.

이영훈 교수는 스승 안병직 교수와 함께 '한국의 경제발전에 관한 역사적 연구 테마'로 책을 낸 적이 있다.《근대 조선의 경제구조》그 서문에는 1989년도 도요타재단으로부터 400만 엔을 지원받아 고맙다'는 글이 적혀 있다.

참고문헌

1 《역주 일본서기 1, 2, 3》_연민수·김은숙·이근우·정효운·나행주·서보경·박재용 「동북아재단」

2 《任那新論 역설의 한일 고대사》_김인배·김문배 「고려원」

3 《환단고기(桓檀古記)》_안경전 역주 「상생출판」

4 《삼국사기 2권 백제본기》_김부식 「명문당」

5 《삼국유사》_일연 지음·김원중 옮김 「을유문화사」

6 《日本王家의 뿌리는 伽倻王族》_최성규 「을지서적」

7 《백제와 다무로였던 왜나라들》_김영덕 「글로벌콘텐츠」

8 《요하문명과 고조선》_한창균 「지식산업사」

9 《아주 특별한 고구려사》_윤여동 「여민락」

10 《한사군은 중국에 있었다》_문성재 「우리역사연구재단」

11 《백제는 일본의 기원인가》_김현구 「창비」

12 《일본 속의 백제》_홍윤기 「상생출판」

13 《일본 속의 백제 구다라》_홍윤기 「한누리미디어」

14 《일본은 구다라 망명정권》_김성호 「기파랑」

15 《일본의 뿌리는 한국》_세끼 유지 지음·이종환 옮김 「관정교육재단」

16 《내가 본 大百濟》_소진철 「주류성」

17 《우리 안의 식민사관》_이덕일 「만권당」

18 《한사군의 낙랑 – 사고전서 사료로 보는》_심백강 「바른역사」

19 《잃어버린 상고사 되찾은 고조선》_심백강 「바른역사」

20 《일본 고대사의 진실》_최재석 「경인문화사」

21 《러시아 역사학자 유 엠 부틴의 고조선 연구》_유리 미하일로비치 부틴 지음·
    이병두 번역 「아이네아스」

22 《동북아 대륙에서 펼쳐진 우리 고대사》_황순종 「지식산업사」

23 《새로 쓰는 고조선 역사》_박경순 「내일을여는책」

24 《광개토대왕릉비》_이형구·박노희 「새녘」

25 《광개토왕비의 재조명》_서영수·연민수 「동북아역사재단」

26 《광개토태왕의 위대한 길》_김용만 「역사의아침」

27 《한국 상고역사-밝혀진 환국, 배달국, 고조선사》_한창건 「홍익출판기획」

28 《조선상고사》_신채호 지음·박기봉 옮김 「비봉출판사」

29 《대마도는 본시 우리 땅이다 1-우리국토 역사문화 답사기》_이석우 「편백나무」

30 《독도, 1500년의 역사》_호사카 유지 「교보문고」

31 《중국이 숨기려 한 우리 역사》_김성원·노중평 「휴먼컬쳐아리랑」

32 《중국이 쓴 한국사》_이기훈 「주류성」

33 〈장수태왕이 천도한 평양은 북한의 평양이 아니다〉_문사(youtu.be/
    QrYm5FYqaDo)

34 〈동북공정의 현재와 한국의 미래|이완영〉_대한사랑(youtu.be/X5r2ZUrceLM)

35 〈두 개의 압록강-10~14세기 (고려):윤한택 교수 (인하대 고조선연구소)〉_
    히스토피아(youtu.be/KVQ2C23tFjU)

36 〈[이덕일의 한국통사] 도쿄대와 교토대 출신 사기꾼 집단이 만든 침략사관
    임나일본부|일본 왕가의 발상지는 가야 세력|나라현에 있는 백제 유적 유
    물〉_이덕일 역사 TV(youtu.be/Y3gtX_E_7yI)

37 〈[역사전쟁] 이덕일의 검찰 기소 사건|일반인이 봐도 이상한 국립중앙박물
    관의 김현구 교수의 친일 논리 대변〉_이덕일 역사 TV(youtu.be/F4SYYKHAXOE)

38 〈STB상생방송 STB스페셜_식민사관은 해방 후 어떻게 주류사학이 되었
    나〉_상생방송STB(youtu.be/mfKZ1BHIcSc)

39 〈고구려의 도읍지를 찾아서〉_성헌식(youtu.be/_RECSznh4xk)

40 〈[이덕일의 한국통사] 1천 년 역사 조작한 일본서기 북한학자 김석형의 분

국설로 해석〉_이덕일 역사 TV(youtu.be/hjrlk1XounA)

41 〈중국을 충격에 빠뜨린 동이족역사 홍산문화, 중국은 이것을 집어삼키려는 국가 프로젝트를 진행〉_환단고기북콘서트STB(youtu.be/y_WeS_k8B_g)

42 〈[한국고대사 진실] 17. 고조선, 고구려의 최대 영토;중국문헌 분석을 통한 새로운 영토 개념〉_이기훈의 역사와 미래(youtu.be/s9LpZOVHOZU)

43 〈바이칼 주변의 북방민족 분포도, 모두 동물토템, 우리 민족의 단군 이야기도 마찬가지〉_대한사랑(youtu.be/HQSi-UNJi_4)

44 〈[이덕일의 한국통사] 북한으로 월북한 사회주의 계열의 역사학자들의 일제 식민사학 청산 노력〉_이덕일 역사 TV(youtu.be/00YOPvdtRaQ)

45 〈[이덕일의 한국통사] 만리장성을 평양까지 그려 놓은 중국 국가박물관〉_이덕일 역사 TV(youtu.be/PD-cPZzdaTg)

46 〈[한국고대사 진실] 14. 중국문명의 뿌리'동이'와 한국 (중국 이덕산 교수님 논문 중심으로)〉_이기훈의 역사와 미래(youtu.be/9g0Hu2-GxJY)

47 〈게놈분석 통한 한국인 기원과 이동 동영상〉_Jong Bhak(youtu.be/tK2KCmeOT8o)

48 〈고려의 국경이 한반도 밖에 있었다는 증거ㅣ중국과 한민족 사서 기록 총정리ㅣ대한사랑 복기대 교수〉_STB 상생방송 역사(youtu.be/MR_fBu-eo7k)

49 〈[KCTV 인문강좌] 요하문명의 발견과 동북아 상고사의 재편 1부_우실하 교수〉_KCTV광주방송(youtu.be/8WWDPcAez9M)

50 〈요동반도가 한국땅이라는 중국지도부 발언에 난리난이유-동북공정 진행하다가 날벼락 맞은 최근 상황〉_국토전략TV(youtu.be/kFDJWnlVGyo)

51 〈[이덕일의 한국통사] 은나라 사람 기자가 고려와 조선의 중화사대주의로 인해 단군을 이은 정통으로 보고 평양에 묘를 만들다〉_이덕일 역사 TV(youtu.be/cyDYTqtQlnc)

52 〈중국 고대 왕조와 단군조선의 관계 총정리〉_환단고기북콘서트STB(youtu.be/Zxo4rStuTRI)

53 〈기자조선의 실체를 완벽하게 알려주는 환단고기ㅣ제왕운기,응제시주의 공백

기 164년의 비밀을 밝혀주는 환단고기〉_역사이다(youtu.be/wxbUqoc5nBM)

54 〈단군조선의 왕검성은 대동강 유역 평양이 아니다ㅣ환단고기 진서론〉_역사
이다(youtu.be/9Ja_E8czEZw)

55 〈'명대 한.중 국경선은 어디였는가?' 남의현 교수(강원대학교 사학과)〉_히스
토피아(youtu.be/ea5EZJXiaNo)

56 〈한국사학계 넋 놓고 있는 이유ㅣ동북공정 논리는 100년 전 조선총독부 논
리와 동일〉_대한사랑(youtu.be/CjFoV881wzl)

57 〈잊혀진 왕국 이정기의 제나라가 환단고기에 기록돼있다ㅣ고구려의 부활을
꿈꾼 이정기ㅣ대진국 발해가 이정기를 도왔다고 기록한 환단고기〉_역사이다
(youtu.be/-7k-1YhbQko)

58 〈운초 계연수 선생의 놀라운 업적4 광개토태왕 비문을 일제가 훼손하기 전
의 무술등본을 바탕으로 138자를 복원했다ㅣ윤창렬 교수〉_대한사랑(youtu.be/
SNRKt9pjvB4)

59 〈KBS HD역사스페셜-고구려 천하의 중심을 선포하다. 광개토대왕비 /
KBS 2005.7.1 방송〉_KBS역사저널 그날(youtu.be/hOBM6fghNOU)

60 〈조선사편수회 위원이었던 윤영구가 낙향해 만든 역사서 조선 세가보ㅣ47
세 단군기록ㅣ전고대방.심당전서〉_역사이다(youtu.be/l4bH2hDHRxo)

61 〈[이덕일의 한국통사] 8천 년 고조선 뿌리 요하문명 홍산문화 하가점 하층
문화 상층문화 신석기 시대 신락문화 앙소문화에 관한 개념 정리 일본이
조선을 침략 도구로 사용한 요하문명 #4〉_이덕일 역사 TV(youtu.be/
WQguW2AdM6s)

62 〈영상한국사ㅣ197 명대 만리장성으로 둔갑한 고구려 성〉_KBS역사저널 그날
(youtu.be/T-uLtEsT_-U)

63 〈KBS 역사스페셜-추적! 발해황후묘는 왜 공개되지 못하나〉_KBS역사저널
그날(youtu.be/K3VX5W7bCDk)

64 〈조선총독부 한국사 편찬과정1 1910년 먼저 압수, 수거, 폐기〉_대한사랑
(youtu.be/fgFjMHZx1Ro)

65 〈조선총독부 한국사 편찬과정2 1920년 아동부터 세뇌교육｜심상소학역사
교재〉_대한사랑(youtu.be/Ve_q14mUu4U)

66 〈조선총독부 한국사 편찬과정3 1923년 조선인들에게 대중화〉_대한사랑
(youtu.be/8XSaxCrzbJM)

67 〈조선총독부 한국사 편찬과정4 학술화를 통해 고착화, 마지막 작업〉_대한사
랑(youtu.be/bV-ZAtxbTNo)

68 〈고려말 국경, 철령위가 '요동의 철령'인 근거[자막], 간도학회 학술발표
2-1〉_들바람(youtu.be/KzXs0iw_f4o)

69 〈[이덕일의 한국통사] 고려, 조선의 북방강역이 어디인가? #1〉_이덕일 역사
TV(youtu.be/7QiX-P289ol)

70 〈세계 최고最古 요하문명은 누구의 것인가? [이덕일의 한국통사] [저자특
강]〉_다산북스(youtu.be/GEILXYjjm5U)

71 〈치우천황, 태호복희,염제신농씨는 한민족의 자랑스런 조상이다. 역학의 시
조, 의학의 시조, 전쟁의 신〉_STB 상생방송 역사(youtu.be/XS7Q0EmalOQ)

72 〈위만조선인가 위만정권인가 1부〉_역사이다(youtu.be/pMbTaO-1HCs)

73 〈위만조선인가 위만정권인가 2부〉_역사이다(youtu.be/b9AhElpco60)

74 〈기자조선의 실체 1부〉_역사이다(youtu.be/xV5BAV_LtcA)

75 〈기자조선의 실체 2부〉_역사이다(youtu.be/rmM670WqN0g)

76 〈중국과 구별되는 한민족만의 문화｜문화영토론으로 본 우리의 북방영토
2부｜장계황 박사〉_우리 역사 바로 알기(youtu.be/zNz3BFQ5Yxl)

77 〈한민족의 뿌리역사와 홍산문화, 홍산문화는 환국배달조선 시대 우리 역사
이다｜대전대 한의학과 윤창열 교수〉_대한사랑(youtu.be/_oAK7M0ullE)

78 〈KBS 역사추적-삼별초는 오키나와로 갔는가〉_KBS역사저널 그날(youtu.be/
yTya5JcM1kA)

79 〈류큐 왕국의 멸망과 오키나와 역사〉_5분상식 세계사(youtu.be/-N1386QCGYY)

80 〈고려 중기 동북 국경에 관하여'-윤관 9성을 중심으로:이인철 교수 (경복
대학교 기획처장)〉_히스토피아(youtu.be/TH_pQHyujbE)

81 〈저우언라이周恩來의 고백, 고조선 고구려 발해사는 한국사다!〉_문사(youtu.
be/_yrETNx6lsc)

82 〈아름다운 섬이 지닌 가슴 아픈 역사 | 강제 징용 한국인 후손들이 사는 섬,
티니안 | 세계테마기행〉_EBSDocumentary(EBS 다큐)(youtu.be/DXgnviC8_EY)

83 〈[최강1교시] Full ver. 독도, 이것이 핵심이다 | 정치학자 호사카 유지〉_캐내
네 스피치(youtu.be/u407Ee4SQM0)

84 〈[특강3 서길수] 고구려는 중국 지방 정권이 아니다〉_HOSIM18(youtu.
be/81omlu-3CZo)

85 〈잠재적 영토관과 영토 축소의 역사 | 장계황 박사〉_대한사랑(youtu.be/
lUaNwaVTi3M)

대한민국!
잃어버린 우리의 역사
문화 그리고 영토를 찾아서

초판 1쇄 인쇄 2022년 04월 12일
초판 1쇄 발행 2022년 04월 20일
지은이 배종덕

펴낸이 김양수
책임편집 이정은
교정교열 임고은

펴낸곳 도서출판 맑은샘
출판등록 제2012-000035
주소 경기도 고양시 일산서구 중앙로 1456 서현프라자 604호
전화 031) 906-5006
팩스 031) 906-5079
홈페이지 www.booksam.kr
블로그 http://blog.naver.com/okbook1234
이메일 okbook1234@naver.com

ISBN 979-11-5778-541-4 (03910)